참生 찾는 아리랑

참生 찾는 아리랑

나를 살리는 아리랑 600판

광천 지음

좋은땅

인간

　인류의 비극은 사람을 신의 피조물로 격하하고 왜곡해서 신과 인간을 구분하고 구별하기 시작하면서 시작되었다.

　일체 만물은 모두 유일신이시며, 창조주이시고, 조물주이신 우주로부터 말미암아 나온다.

　사람들은 우주를 그저 하늘이라 하늘님이라 부른다.

　하나님은 하늘에 계신다.

　'하늘에 계신 우리 아버지여'(주기도문)

　우주가 유일신이시며, 창조주이시고, 조물주이시다.

　신(우주)으로부터 나는 것은 모두가 다 신이며, 신이 아닌 것은 신 안에 존재할 수가 없다.

　당연히 신이 아닌 피조물은 신 안에 있을 수도 없다.

　따라서 신은 인간을 신의 피조물로 만든 바가 없고, 인간은 신의 피조물도 아니며 신 그 자체다.

　그래서 인간이 가진 육(肉)을 '육신'이라 하는 것이고, 인간이 가진 혼(魂)을 '혼신'이라 하는 것이고, 인간이 가진 마음(心)을 '심신'이라 하는 것이다.

　인간은 몸도 마음도 모두 다 신이며, 자기가 찾는 신은 바로 자기며, 자기 밖에는 자기가 찾는 신이 없다.

　신 안에 존재하는 신적 존재인 인간이 자기 밖에서 또 다른 신을 찾으려 하니 찾을 수도 없고 찾아지지도 않아서 죽을 때까지 부르기만 하는 것이다.

　신이란 말에 인간은 그저 벌벌 떤다. 본능적으로 떨 수밖에 없기도 하지만, 벌벌 떨게도 만들었다.

신이란 말에 벌벌 떨게 만든 것이 인간사에 가장 큰 왜곡이고, 엄청난 잘못이며, 재앙의 시작이었다.

신이란, 그저 몸 없는 신이 몸을 가졌다는 말이다.

신은 신과 구별하여 신과 별도로 인간을 위한 인간을 세상 어디에도 창조하신 바가 없다.

신이 인간을 신의 피조물로 만들어서 뭔 유익이 있으며 뭔 영화가 생기나?

인간들이 드리는 제사나 제물이 몸이나 형체가 없이 존재하시는 신(우주)께 어찌 상납 될 것이며, 신(우주)은 그걸 어찌 받을 것이며, 그걸 받은들 어디다 쓰나?

인간은 신이다.

신은 신인데, 세월과 문명에 찌든 오염된 신, 귀신이자 마가 낀 마신(귀)이다.

즉, 인간은 처음부터 정상적인 신이 아니라는 말이다.

성경에서는 이런 신을 선악과를 먹고 '타락한 인간'으로 표현한다.

선악과를 먹었다는 말은, 신의 본성이 감춰졌다는 말이며, 분별심을 갖는 자기 마음을 따로 먹었다는 말이다.

'인간은 존재의 주인이 아니며, 인간은 본래성이 비본래성에 의해 은폐되어 그 본래성을 잃은 상태에 있다.'

(Martin Heidegger Quotes)

인간은 무심한 우주 마음 안에서 태어나고 무심한 우주 마음 안에서 살다가 무심한 우주 마음에, 자기 몸 모양 그대로 영체가 되어 영원히 살도록 설계가 되어 있는데, 자기 마음을 따로 가지면 유심한 존재가 되어 무심한 우주 마음과 하나가 되질 못 하는 신세가 되고 만다.

자기 마음을 따로 먹었다는 말은, 사람이 세상 삶을 살면서 눈과 귀와 온몸을 통하여 문명과 문화와 세월을 자기 속에 쌓았다는 말이다.

인간의 마음은 주로 눈과 귀로 먹어서 만들어지는 것이지 입으로 먹어서 만들어지는 것이 아니다.

먹었다는 말은, 눈과 귀로 보고 들은 것들을 자기 뇌에 저장시켰다는 말이다.

특히나 눈으로 보는 것들이 자기 마음에 저장이 잘 되게 되는데, 이를 '눈독'이라 하였고, 이를 경계하여 '눈독을 들이지 말라'고 했던 것이다.

불상을 보면 한결같이 눈을 크게 뜨고 계신 부처님이 없으시니 이는, '보는 것을 크게 경계하라' 경계하신 것이라 여겨진다.

내 눈 앞에 나타나는 것들로 말미암아 내가 죽게 생겼으니,
'부처를 만나면 부처를 죽이고 조사를 만나면 조사를 죽이라'

(임제스님)

인간이 가진 몸 전체가 인간의 마음이지만 특히나 인간의 뇌가 인간의 마음 덩어리라 할 수 있다.

20년의 세월을 살았으면, 20년의 마음을 만들어 가지고 사는 것이고, 50년의 세월을 살았으면, 50년의 마음을 만들어 가지고 살게 되는 것이다.

이른바, 자기 세월을 잔뜩 가진 인간을 일러, 백 년 묵은 능구렁이라, 꼬리 열 개 달린 백여우라 부르기도 했던 것이다.

자기가 '몸을 가지고 산 세월이 바로 자기 마음'이 되는 것이니, 인간은 사는 것이 죄(마음)가 된다. 삶이 죄가 되니, 인간은 죄 아닌 죄로 말미암아 크게 주눅들 일이 없다.

인간들은 각각 자기의 산 세월과 환경이 모두 다르니 마음도 다 다른 것이다.

또한, 인간은 죽어 없어질 존재로 세상에 나는 것이 아니기 때문에, 어떠하든 살고자 하는 마음, 즉, '본성을 회복'하려고 하는 마음을 본능적으로 가지고 태어난다.

인간들이 죽지 않기 위해서 본능적으로 가지는 악착같은 마음이 바로 욕심이자 탐심이다.

사람이 어쩔 수 없이 이런 인간의 마음(습)을 가지고 태어나는 것은, 사람이 인간의 문명과 문화를 가지고 태어나지 않으면, 사람이 살 수 있는 환경이 만들어지지 않기 때문이다. 또한, 사람은 일체 욕심이 없어서 사람만 가지고서는 사람(참신)을 얻기가 어렵기 때문에 인간은 사람(참신)을 얻기 위한 하늘의 방편이자 하늘의 장치다.

인간은 근본(신)에 잔뜩 때가 끼어 오염이 되었으니 이 얼룩진 때를 다 벗기 전에는 온전한 신(사람)이 아니요, 완전한 신(사람)도 아니다.

그래서 인간은 자기가 인간인 상태에서는 자기의 근본이 신인 것을 도저히, 그리고 당연히 인정할 수가 없다.

또 자기의 근본이 신이라 하는 것을 모르는 인간은, 죽는 것을 당연히 알지만, 가짜인 자기를 자기 살아생전에 다 이기기만 하면, '영원히 사는 존재가 된다' 하는 사실 또한 인정할 수도 없고 믿을 수도 없다.

자기 마음을 가진 인간이 '자기 근본(신)'을 마음으로 알기는 참으로 어렵고도 어렵다.

7

인간은 조상으로부터 물려받은 마음, 즉 원죄(습)라 하는 것과 그리고 자기가 만든 마음, 즉 자 범죄(업)라 하는 것을 가지고 인생살이를 하게 되는데, 만일 자기 살아생전에 조상 마음과 자기 마음을 하나도 없게 만들면 '인간의 완성인 사람'이 되는 것이다.

인간의 완성이 사람이요, 사람은 우주와 동일한 참신이기 때문에 미완성인 인간이 죽는 것과 달리, 완성인 사람은 죽는 것이 당연히 없는 것이다.

인간은 사람이 되기까지 아직 미완성인 존재요, 사람을 위한 씨앗이요, 인간의 끝은 사람이며, 사람은 인간의 결실이며 완성이다.

인간은 인간 그 자체로서는 유일신 하늘님께 아무 의미가 없고 또 조물주 하늘님과 아무 상관이 없는 존재다.

인간은 사람을 위하여 있는 것이요. 사람은 신, 그 자체인 존재시다.

하늘님은 인간을 위하여 인간을 낸 것이 아니요, 오직, 그 자신 하늘님을 위하여 사람을 냈으니 사람이 곧 하늘님이고 하늘님이 곧 사람인데, 이 하늘님인 사람을 위하여 사람 앞에 먼저 인간을 내는 것이다.

따라서 인간은 누구나 자기 살아생전에 사람까지 가야 될 숙명적 책임이 정해져 있음에도 불구하고, 사람까지 가질 못하여 완성이 되질 못하면 사라지게 되는데 이를 '죽었다' 하는 것이다.

미완성인 인간은 죽지만, 반대로 인간의 완성인 사람은, 결단코, 죽는 것이 영원히 없다.

인간은 자기 살아생전에 자기 때(마음)를, 기필코, 완전무결하게 다 씻고 사람(참신)이 되어야 한다.

'나온다! 나온다! 사람이 하늘에서 나온다!'

(정감록)

인간은 신의 성품과 신의 능력을 그대로 가지고 세상(하늘)에 나오기 때문에 참으로 전지전능하다.

인간은 비록 그 정신이 완전한 신은 아니지만, 그 근본 바탕이 신이기 때문에, 인간의 일체 행동의 한 수 한 수는 모두 '신의 한 수'다.

인류 문명을 이루고 사는 것이 신이 아니면 어찌 가능하겠는가?

인간은 세상의 주인이자, 모든 동물의 임시 주인이요,

사람은 세상의 주인이자, 모든 동물의 진짜 주인이다.

그래서 사람은 사람을 비롯하여 모든 동물의 이름을 짓는 것이다.

자기 물건이 아닌 것에 어찌 이름을 붙이겠는가?

인간인 나는 나 스스로 나에게 나의 이름을 붙인 적이 없으니 나는 나가 아니요, 나의 육신의 부모 또한 그렇다.

인간이 사람이 되면 세상의 참 주관자요, 세상의 참 주인이다.

인간이 사람이 되지 않더라도 몸 가진 인간은 세상을 주관한다. 다만, 인간이 세상을 주관하고 살면 지구 세상과 자기 마음 세상이 생지옥을 면할 길이 없고 세상과 인간은 죽을 때까지 평화할 날이 없게 된다.

인간은 같은 인간을 살리고 죽이고 모두 자기들이 알아서 결정하고 산다.

공중 하늘에서 '몸을 가진 자' 인간은 공중에서 가장 큰 권세를 가진 '공중 권세자'다.

인간은 지구에 살고 있고 지구는 공중 하늘에 동동 떠 있으므로 지구에 붙어사는 인간은 공중에 살고 있는 것이다.

공중에서 몸 가진 인간을 이길 신은 아무도 없다.

몸을 가지지 못한 창조주, 조물주, 우주 하늘님은 자기 몸과 자기 마음을 가지고 자기 마음대로 사는 인간을 어찌 할 방법이 도저히 없다.

인간(신)은 일단 공중에 발현이 되면, 영원히 살거나 영원히 죽는 존재가 되는데, 영원히 사는 존재를 생령(사람)이라 하는 것이고 영원히 죽는 존재를 망령(인간)이라 하는 것이다.

자기를 망령 되게 방치하는 일은 결단코, 우주 하늘님 세상과 우주 하늘님 앞에서 있어서는 안 되는 일이다.

인간은 자기 마음이 있어서 죽는 것을 당연히 알지만, 사람은 자기 마음이 없어서 죽음이 없는 것을 당연히 안다.

자기 마음을 가진 인간은 우주 하늘님 안에 살면서 자기 스스로 우주 하늘님과 구별하여 담을 쌓고, 우주 하늘님과 단절하고 사는 '천애 고아'이자 '고독한 홀로 섬'이 되어 살아간다.

'인간은 선한 신 안에 사는 악한 신이요, 천 극락 안에 사는 지옥(아수라)이다.'

'인간은 광명한 우주 하늘님 속에서 오직 홀로 그늘이요, 오직 홀로 어둠이다.'

인간은 인간도 말릴 수가 없다.

인간이 권세와 권력과 힘을 가진 자가 되면 인간은 인간에게 가장 두렵고 무서운 자가 된다.

자기 욕심과 자기의 영화만을 위하여 사는 '나는 나다' '나는 내 길을 가련다' 하면서 사는 인생살이는 죽을 때까지 고생이요, 고통이요, 수고와 눈물뿐이요, 아무 희망이 없다.

인간은 사람(신)의 선한 몸을 가지고 선한 우주 하늘님 안에서 악신이 되어 사는 날강도요, 도적이다.

인간이 차지한 몸은 영영토록 살 수 있는 하늘(신) 몸체인데, 잘해야 팔십에서 백 년을 살다 죽을 인간들이 차지하고 앉아서 가짜인 자기로 말미암아 죽게 만들어 망령이 되게 하고 있는 것이다.

오늘날 금세기 금년도를 사는 인간은 이미 140억 년의 세월(마음)을 가진 조상들과 더불어 살고 있으며, 자기 안에는 140억 년의 세월이 차곡차곡 아주 두껍고도 두껍게 쌓여져 있다.

인간이 사람이 되기 위해서는 자기 살아생전에 만물 창조가 있기 전, 즉, 140억 년의 묵은 세월을 이기고, 아무것도 없었던 우주, 이 바탕에 와서 이곳에서 새 몸을 다시 받아야만 한다.

자기가 가진 세월을 이기지도 못한 상태에서, 자기가 살던 몸과 자기 마음을 여전히 가지고 우주(신)와 하나(도통)를 이뤄 보겠다는 시도는 일체가 다 헛일이 된다.

인간은 세상이 대충 질서를 잡고, 대충 살 만하면 지체 없이 자기 욕심과 탐심을 물리치고 자기의 근원인 사람(참신)이 되기 위한 길을 찾아 나서야만 한다.

먹고 사는 문제를 이미 충분히 해결한 상태에서는 더 이상 인간의 삶을 살지 말고 사람의 길을 가야 마땅하나, 만일, 죽을 때까지 오직 자기만을 위하여 인간의 삶을 중단함이 없이 살게 되면 하늘 아래 가장 불쌍하고 불쌍한 자가 된다.

'도를 닦는다' 하는 일이나, '깨달음을 얻겠다' 하는 일이나, 일체 종교의 목적은 오직 '인간에서 사람이 되기 위함'이다.

사람이 되라는 말은, '죽는 자'가 되지 말고 '살아난 자'가 되라는 말이다.

종교(Religious-Religion)의 근본적 뜻과 의미는, 자기가 '믿는다' 하는 신을 향하여 자기를 다 버리고 그 신 안으로 들어가 버리라는 말이다.

즉, 자기가 '믿는다' 하는 그 존재와 '하나가 되라'는 뜻이다.

인간 세상에서 말하는 하늘님(신)에 대한 죄란, 인간이 가진 욕심과 탐심, 즉 '산 삶'을 말하는 것이다.

인간의 신에 대한 죄는 오직, '자기가 살았던 세월'인 것이다.

자기가 살았던 세월(추억)만 없으면 인간은 우주 하늘님에 대하여 결단코, 아무 죄가 없다.

인간은 죄(추억)가 있어서 죽는 것이기 때문에 죄(추억)가 없으면 당연히 죽는 것이 없다.

죄罪의 뜻은 뭔가? 죄罪란, 오직 표적을 향하여 마땅히 날아가야 하는 화살이 표적을 향하여 가지 않고 엉뚱한 곳으로 간다는 의미이다.

인간의 삶의 표적은 오직 사람인데, 인간 중 99%가 사람을 향하여 살아가지 아니하고 죽을 때까지 오직 가짜인 자기만 사랑하고 오직 자기의 욕심만을 위하여 산다.

'인간인 나는 가짜로 말미암아 태어났고, 가짜만 봤고, 가짜만 들었고, 가짜만 만났고, 가짜만 배웠습니다. 나는 처음부터 가짜요, 끝까지 가짜요, 죽을 때까지 가짜입니다.'

죽기는 왜 죽나?

인류 75억 중에서 74억 9900만 명이 인간의 죽음을 당연히 그런

줄 알고 받아들이고 있다 하더라도, 죽음은 결코 인간에게 당연한 것이 아니다.

인간은 비록 죽을죄인 조상 마음을 잔뜩 가지고 태어나기는 하지만, 자기를 이기고 신(사람)을 회복하여 생명인 우주(신)와 하나 되어 영영히 살기 위하여 세상에 오는 것이지, 결코 헛되고 헛된 인생을 살다가 허망하기 짝이 없게 죽어지기 위하여 세상에 오는 것이 아니다.

'우리는 원본(사람)으로 태어났는데 어떻게 복사본(인간)으로 죽는단 말인가!'

(스웨덴 스톡홀롬 노벨 박물관에 있는 문구)

우주 하늘님은 무심하시다.

인간은 무심한 우주 하늘님 안에 살고 있으면서 각각 자기의 마음을 가진 유심한 인간으로 살면 하늘님과 하나가 되질 못하고 죽게 되는 것이다.

인간은 우주 하늘님과 '경계선이 없는 무심한 마음'을 가져야 한다.

하늘의 섭리와 장치에 따라 어쩔 수 없이 인간으로 태어났지만 생활 기반을 빨리 잡고, 그 후에는 하루속히 조상 마음과 자기 마음을 완전무결하게 버리고 우주 하늘님의 마음과 하나가 되는 일에 전심전력全心全力을 다하지 않으면 안 된다.

자기 마음을 버려야 되는데 이게 쉬운 일이 아니었다.

지금까지 그 누가 자기 마음을 완전무결하게 버리고 사람(성인)이 되었는가?

지금까지 그 어떤 성현이 '인간 마음을 씻을 수 있는 방법'을 아주 구체적으로 주셨던가?

'예언자로 오시는 이는 우주 하늘님에 대하여 예언만 하시고 인간을 구원하실 수는 없으며, 참 구원자로 오시는 이는 더 이상 예언은 하지 않고, 오직 인간을 인간 생전에 인간(죽음)에서 사람(불멸)의 길로 인도하신다.'

인간 쪽에서는 결코 하늘나라를 알 수도 없고 갈 수도 없다. 북한 땅에서 70평생 살면서 단 한 번도 남한(하늘나라) 땅에 대하여 들어본 적이 없는 사람은 남한(하늘나라)에서 사람이 가서 데려와야 하는 이치와 같은 것이다.

하늘에서 온전한 사람이 와야 비로소 하늘 문이 열린다.

하늘과 몸이 일치된 여자가 세상에 오셔야 하고, 하늘과 마음이 일치된 남자가 세상에 오셔야 한다.

각각 오셔야 하지만, 한 몸, 한 마음이요, 각각 정(몸)과 신(마음)이며 각각 영(몸)과 혼(마음)인 두 분이 오셔야 하는 것이다.

이 두 분이 인간을 일깨워 140억 년 전, 일체 만물이 나기 전, 일체 마음이 있기 전, 그 세상으로 인간을 인도하여, 거기서 새 몸을 주고, 새 정신을 주어 다시 나게 하면 비로소 인간이 완성이 되어 사람이 되는 것이다. 이는 다 마음으로 하는 것이다.

거듭난다?

'부모님이 없이 자식이 스스로 어찌 세상에 날 수 있단 말인가?'

세상에 오신 진짜 정과 신이며 진짜 영과 혼인 두 분은 참신으로 오신 증거로, 그 증거가 있어야 하는데, 자기 마음을 가진 인간을 자기 마음이 없는 사람으로 변화시킬 수 있는 방법을 내셔야 한다. 나를 살릴 방법을 내심에 있어서 '내일도 없고, 나중도 없고, 다음에

14

보자'도 없다. 오직 금생, 지금뿐이다.

'방법이 물과 불이요, 하늘님이요, 구세주인 것이다.'

자기를 살리는 데 있어서 무엇보다도 먼저 자기가 나서야 한다. 자기 스스로 자기를 돕지 않으면 우주 하늘님도 도와주지 않는다.

'하늘은 스스로 돕는 자를 돕는다'

악한 인간들이 자기들의 처음 역사, 즉, 신의 역사를 전쟁과 약탈과 파괴와 방화로 소멸치 않고 또 자의적으로 왜곡하고 변개만 하지 않았다면 인간이 남긴 기록에서라도 인간은 자기 근원을 잃지 않았을 것인데, 그러지를 못하였다.

'너 자신을 알라'
'인간은 자신을 면밀하게 연구하기만 하면 자기 마음속에 있는 신을 인식할 수가 있다.'

(Socrates)

이렇다 저렇다 하더라도 인간의 근본이 신인 증거는 자기 자신과 만물만으로도 충분하다.
현재 사람과 신에 관한 곡해는, 자기를 자기 세월(마음)로 꽉 채우고 사는 인간들로 말미암아 심히 깊고도 넓고도 크게 왜곡이 되었으니, 지금까지 인간들로부터 배우고 들어서 알던, 사람(신)에 관한 것들은 일단, 모두 부정하고 접어 둬야 그나마 살길에 들어설 수 있는 기회가 생긴다.

인간은 가짜인 자기로 말미암아 죽어서도 안 되는 존재이지만, 죽을 수도 없는 존재다. 인간으로 사는 삶은 백년 천년을 살아도 하늘나라에 단 하루도 산 적이 없다. 또한 인간으로 살다가 인간으로 죽으면 그냥 죽어 없어지는 것도 아니다.

그냥 죽어서 다 없어져 버리면 얼마나 좋을까, 인간은 신의 재질로 태어나기 때문에 일단 공중 하늘에 한번 발현이 되면, 몸이 있거나 없거나 상관없이 영원히 살거나 영원히 죽는 존재가 된다.

'네가 살았다 하는 이름을 가졌으나 너는 산 자가 아니라 죽은 자니라'

(계3:1)

인간은 우주 하늘에서 태어나고 우주 하늘에서 살다가 사람이 되지 못하고 몸을 잃어도 조상의 마음과 자기의 마음을 가진 상태로 우주 하늘에 영원히 남겨지게 된다.

'인간이 가진 자기 마음(죽음)은 자기 생애에 기필코 해결해야 될 인간의 숙명이요, 과제요, 책임이며, 사명이다.'

'Vivas Nos Queremos!', '비바스 노스 큐레모스!'
'우리는 살고 싶다!'

(아르헨티나 격언)

지금까지 인간은 수천, 수만 년 동안 자기 죽음을 이기는 사람을 거의 본 적이 없고, 죽는 것만 봐 왔기 때문에, 죽는 것을 당연히 알지만, 이는 결단코 당연한 것도 아니고 사실도 아니다.

16

독수리 알이 닭을 어미로 삼아 알에서 깨어나면 죽을 때까지 지렁이만 먹고 사는 땅거지가 된다. 두 날개를 펼치면 양쪽 합쳐 2미터 가까이 되는 큰 날개를 가졌지만, 병아리들과 같이 평생을 살다 보니, 날개를 펼쳐 보기는 고사하고, 자기에게 날개가 있다는 것조차도 모른다.

지구와 인간이 가진 몸(육)은 인간이 하늘로 가기 위한 발판일 뿐이다.

그러므로 지구는 사람의 마지막 목적지도 아니고, 지구를 사람이 영원히 사는 땅으로 알아서도 안 되며, 자기 몸에 속아서 자기 몸을 가진 동안에, 인간에서 사람이 되어야 하는 '인간의 책임'과 '인간의 사명'과 '인간의 목적'을 결코 망각해서도 안 된다.

지구는 자기 마음을 자기 살아생전에 완전무결하게 청산한 사람들에게는 몸을 가진 신(사람)들이 사는 신(사람)의 나라요, 지상 낙원이 된다.

그러나 자기 마음을 가진 인간에게 지구는 그저 싸움꾼들의 전쟁터요, 싸움판이요, 피 흘림이 그칠 날 없는 고토일 뿐이다.

자기 살아생전에 자기의 마음을 완전무결하게 다 청산한 사람은 자기 죽음을 이미 이겼으므로, 몸을 가진 상태에서 생전에 하늘나라의 삶을 살다가, 자기의 몸이 있거나 없거나, 또한 지구가 수명을 다하여 없어져도 우주 하늘님과 하나가 되어 영원히 사는 불멸의 존재가 된다.

하늘나라가 따로 있고 하늘님이 따로 있는 것이 아닌 것처럼, 극락이 따로 있고 부처님이 따로 있는 것이 아닌 것처럼, 사람에게는 몸이 있고 마음이 따로 있는 것이 아니라 '몸이 곧 마음이고 마음이 곧 몸'인 것이다.

따라서 '자기의 몸 모양이 자기 마음의 모양'이 되어 우주 하늘에 영원히 남겨지게 된다.

몸(육)은 심(마음)체의 모양을 만들기 위한 '거푸집'과 같은 역할을 하며 자기 영혼의 '하늘 집'이다.

이미 죽음의 강을 건넜으면, 그 배(일체 방편)에서 당연히 내려야 한다. 일체 방편(배)을 버려야 비로소 '피안의 언덕'에 우뚝 설 수가 있다. 아무 추억도 없는 무심한 사람만이 무심한 우주 하늘님 나라에 들어갈 수가 있다. 흔히들, 하늘님은 모든 인간들의 마음을 속속들이 다 아신다고 하는데, 천부당만부당한 말이다. 하늘님이 모든 인간들의 마음을 다 알아서 뭘 하나? 하늘님이 모든 인간들의 마음을 그 무심한 마음 안에 다 가지고 계시면 하늘님의 마음이 어떠실 것 같은가?

선하신 하늘님 마음에 악한 인간의 마음이 어찌 한 점의 먼지 만큼이라도 있을 수 있단 말인가?

무심한 우주 하늘님만 오직 선하시고 유심한 인간들은 모두 다 악인인 것이다.

'예수께서 이르시되 네가 어찌하여 나를 선하다 일컫느냐? 하나님 한 분 외에는 선한 이가 없느니라.'

(막10;18, 눅18:19)

'기록한바, 의인은 없나니 하나도 없으며, 깨닫는 자도 없고, 하나님을 찾는 자도 없고, 다 치우쳐 한가지로 무익(인간)하게 되고,

18

선을 행하는 자는 없나니 하나도 없도다.'

(롬3:10-12)

자기 마음을 가지고 살던 인간이 자기 마음을 청산하질 못하고 그냥 죽어 버리면 어찌 될까?

자기 마음을 가지고 살던 인간이 자기 마음을 가지고 죽으면 일단, 모든 빛과 일체의 소리를 잃고, 영원에 가까운 시간 동안 수만 깊이 땅속에 갇힌 것과 같은 적막강산이 되고, 죽은 후 얼마 후부터는, 자기가 태어날 때부터 받았던 조상의 마음과 자기가 만들어 가진 자기의 마음이 자기의 꿈이 되어 수만 가지 꿈속의 악몽에 시달리게 되는데, 몸은 이미 없어졌으므로 자기 꿈에서 빠져나올 수가 없게 된다. 이게 이루 말로 다 할 수 없는 고통이 된다.

'이판사판'이란 말이 있다.

자기 마음을 가지고 죽을 때까지 살면, 지금 생(이판)은 죽는 판(사판)이 된다는 말이다.

자기 마음을 다 청산한 사람은 어찌 되는가?

자기 살아생전에 자기의 마음을 완전무결하게 해결한 사람은 지구 땅에서 무릉도원의 신(사람)의 삶을 살다가, 몸이 수명을 다하면 몸을 옷처럼 벗어 버리고, 빛과 소리를 그대로 가지고 무극 무한 생명인 우주 하늘님과 하나가 되어 영영히 사는 광명한 존재(영)가 된다.

산 자가 사는 나라, 우주 하늘님 나라, 우주 하늘님께는 살았을 때, '신체'로 가는 것이지, 죽은 다음에 '시체'로 가는 것이 아니다.

19

'하나님은 죽은 자의 하나님이 아니요 산 자의 하나님이시니라'

(마22:32)

'죽음(인간)과 벗음(사람)을 통하여 인간과 사람의 길이 영영히 나눠지게 되는 것이다.'

이승과 저승은 종이 한 장 차이라.
자기의 마음을 가지고 자기의 마음 세상에 사는 세상이 이승이고 자기 마음을 벗어나 사는 세상이 바로 저승인 것이다.
따라서 사람은 공중 하늘에 몸 가진 출생 후에 만일, 몸을 잃으면 몸을 잃은 그 자리가, 영영히 자기 자리가 되기 때문에 여기 저기 오고 갈 것이 없는 것이다.

사람이 자기 마음을 가지고 살면 '죄인이다', '악한 자다', '죽은 자다', '못난 자다', '못된 자다'하는 것이고, 자기 마음을 버리고 살면 '의인이다', '선한 자다', '산 자다', '잘난 자다', '잘된 자다' 하는 것이다.
굳이 구분을 하자면, 자기 마음을 가지면 인간인 것이고, 자기 마음이 없으면 사람인 것이다.
자기 살아생전에 자기 마음을 다 버린 사람을 일러 '사람이 되었다', '하늘에 들었다', '도통한 사람', '다 깨친 사람', '신통한 사람', '참한 사람', '대 영웅', '대 각자', '복 받은 사람'이라고 하는 것이다.

우리가 일상 중에 쓰는 말이 있다.

'너 언제 사람(참신)이 될래?'

자기 마음을 가지고 살면 가짜(인간) 삶이요, 자기 마음을 버리고 살면 진짜(사람) 삶이 된다.

이른바, 가짜 삶은 죽는 것으로 결말이 나지만, 진짜 삶은 자기 살아생전에 자기의 죽는 것을 넘어가는 것이다.

죽는 삶을 살 건지, 사는 삶을 살 건지는 오직 자기가 결정하는 것이며, 우주 하늘님은 인간의 생사生死에 전혀 관여를 하지도 않고 할 수도 없다.

자기 마음을 가지고 사는 고단한 인간의 삶을 일러, 자기가 자기에게 푸념하듯 하는 말이 있다.

'이렇게 사는 것은 사는 게 아니다.'
인간으로 사는 것은 살아도 사는 것이 아니다.

'이렇게 살 바엔 차라리 죽는 게 더 낫겠다'
이렇게 인간으로 사는 것은 진짜로 사는 것이 아니니, 인간 삶은 어서 빨리 청산(마음죽음)하는 것이 낫겠다,

'죽어라 죽어라 하는구나'
가짜 인간 마음을 가지고 살지 말고 가짜 인간 마음을 죽이라 죽이라 하는구나.

'한번 죽는 것은 사람에게 정해진 것이요, 그 후에는 심판이 있으리니'

(히9:27)

자기 마음을 죽(씻)음 하는 일은 하늘님의 뜻이자 하늘님의 일로

써 기어이 해야 하고 기필코 해야 하는 일이다.

죽는 것은 몸이 죽는 것이 아니라, 마음이 죽는 것을 말하는 것이다. 몸이 죽으면 자기 영혼이 아예 죽는 것이요, 영원히 망하는 것이니, 자기 살아생전 몸이 있는 동안에 기어이 자기가 만들어 가진 자기 마음을 완전무결하게 청산하고 깨끗한 사람이 되어야 한다.

심판?

심판이 있다는 말은, '마음 판이 있다', '마음 판으로 남겨진다'라는 말이다.

우주 하늘님과 인간이 만날 일은 영원히 없고 우주 하늘님이 인간을 심판하실 일은 더더구나 영원히 없다. 하늘님의 몸을 하늘님께 돌려 드리지 아니하고 자기만을 위해서 평생 살다 죽은 하늘 역적 인간을 하늘님이 심판하실 일이 뭐가 있나?

심판해서 뭘 하나?

하늘님은 인간을 심판하기 위해서 세상에 나게 한 것이 아니라 하늘님 자신을 위하여 사람을 위한 인간을 내신 것이다.

하늘님은 오직 산자, 사람만 만나시며 오직 자기 마음이 산 자, 사람만 하늘님을 볼 수 있다.

'나는 부활이요 생명이니 나를 믿는 자는 죽어도 살겠고 무릇 살아서 나를 믿는 자는 영원히 죽지 아니하리라'

(요11:25)

나의 근본은 인간이 아닌 사람이라. 나는 나 살아생전에 가짜인 나(인간)를 다 이기고 사람으로 부활해야 할 것이요, 나는 죽을 인간이 아닌 영원한 생명인 사람이니 나 살아생전에 생명인 사람이 되어야 할 것이다. 만일 인간인 내가 나를 다 이기고 나 살아생전에 조물주 하나님이시자 창조주 하나님이신 우주 하늘님과 하나가 된다면 나는 죽고 사는 것이 없는 참사람이 되리라.

'자기를 버리고 우주 하늘님과 하나가 돼라. 우주 하늘님과의 합일이 오직 인생의 답이다.'

'누가 자기 살아생전에 자기의 죽음(음부)을 보지 아니하고 자기 살아생전에 자기의 영혼을 죽음(음부)의 늪에서 건지리이까'

(시89:48)

'천국이 따로 없네'

무더운 여름날 그 뜨거운 더위를 피해 시원한 그늘에 앉았거나 선풍기나 에어컨 바람을 만났을 때, 혹은 심한 갈증 상태에 있다가 시원한 물을 한잔 먹었을 때 하는 말인데, 이 말이 또한 진리 중의 진리인 말이다.

천 극락은 공중 하늘 어디에 형상을 가진 형태로 따로 있는 것이 당연히 아니다. 사람이 몸을 잃으면 먹고 자고 할 일이 없는데 형상을 가진 천 극락이 어찌 필요한가?

천 극락은 인간이 가진 신의 몸에서 인간의 추억만 다 없어져 버리면 그 자체가 천 극락이 되는 것이다.

'다 살자고 하는 짓'

인간의 일상사는 다 살자고 하는 짓이다.

사는 것은 인간으로 살다 죽는 것이 아닌, 죽지 않는 진짜 삶을 말하는 것이다.

　인간은 처음부터 가짜이자 영원히 가짜다. 가짜는 죽고 없어져 버리지만 진짜인 사람은 죽는 것도 없고 없어져 버림도 영원히 없다.

　'두껍아 두껍아 헌 집 줄게 새집 다오'

　'마음이 두껍고도 두꺼운 인간아, 너 살아생전에 너의 헌 집(죽는 마음)을 다 버리고 새집(새 마음)을 받아라.'

　자기 마음을 두껍게 가지고 사는 인간을 일러, 마음이 두껍고도 두꺼운 '두껍이'라고 했던 것이다.

　두껍고도 두꺼운 이 인간 마음을 성경에는 '바벨탑'이라고 비유하였으니, 자기 마음이 쌓이고 쌓여지면 결국은 자기 마음속에 있는 하늘님을 망각하게 되고 결국에는 하늘님으로부터 멀고도 멀리 떨어져 버리는 자가 되는 것이다. 떨어져 버렸다는 말은, 위에서 아래로 떨어졌다는 말이 아니라 '분리'가 되어져 버렸다는 말이다.

　인간은 처음부터 죽을 때까지 우주 하늘님 밖에 난 적도 없고 우주 하늘님 밖에 있어 본 적도 없다.

　우주 하늘님 안에서, 우주 하늘님을 잃고, 우주 하늘님을 찾아 헤매는 것은, 오직 인간뿐이다.

　자기 마음을 가지고 자기 마음속에서만 사는 삶은 자기 마음속에만 있기 때문에 자기 몸이 있거나 없거나 자기한테만 있는 세상이라 가짜요, 자기 마음을 버리고 자기 안과 밖이 없는 삶을 살면 진짜라 영원히 산다.

　그래서 인간의 삶은 실상이 아닌 허상이요, 자기 꿈속 세상이고,

사람의 삶은 허상도 아니고 꿈도 아닌 실상이다.

자기의 무한 광대 청정한 '자기 마음속 고향 하늘'을 버려두고 지구 땅에서만 살다 그냥 허무하게 사라져 버리는 인간은 독 안에 있는 쥐요, 우물 속 개구리다.

사람은 몸 가진 하늘님이 되어 몸 가진 하늘님으로 영원히 살기 위해서 세상에 오는 것이다.

자기 살아생전에 자기(인간)의 죽음을 이기고 영원히 사는 사람으로 다시 나는 것이 오직, 인간이 세상에 태어나는 이유이자 목적이다.

자기 살아생전에 자기 마음을 가지고 사는 인간에서, 자기 마음이 하나도 없는 사람이 되는 것만이 오직 '하늘의 뜻'이며, '하늘의 일'이다.

지금까지는 자기 마음을 없이 할 방법이 없어서, 자기 마음을 없이 한 사람이 거의 없었지만, 오늘날 자기 마음을 해결할 방법이 세상에 있다.

그러나 자기의 신념과 철학, 지혜와 지식과 사상을 고집하는 완강하고 고집불통인 사람(인간)들은 이 방법(사람)을 결코 만날 수가 없다.

오직 자기(나)는 '세상에 없는 자다'하고, 자기를 일체 부정하여 겸손하고 낮은 자가 되기로 작정한 사람만이 자기의 마음을 없이 할 방법(사람)을 만날 수 있다.

'자기 마음을 없이 할 방법이 오직 구세주요, 하늘님이시다.'

'네 시작은 미약하였으나 네 나중은 심히 창대 하리라.'

(욥기8장7절)

25

인간은 가장 약하지만 가장 강하고 가장 강하지만 또한 가장 약하다. 인간이 인간 그 자체인 줄로만 아는 인간은 인간 스스로를 미약하기 짝이 없게 여기지만, 인간이 자기 살아생전에 인간을 이기고 사람이 되면 이 사람은 불생불멸不生不滅하는 존재가 되므로 창대하기가 그지없는 것이다. 인간은 생로병사生老病死 안에서 살지만 사람은 생로병사生老病死를 벗어나 산다.

'소탐대실小貪大失' '인간은 소小요, 사람은 대大니 인간을 따르면 망(죽음)하는 것이요, 사람을 지향하면 영생불사 흥(삶)하는 것이라'

인간은 비록 눈으로 보기에 보잘것없어 보이지만, 자기 살아생전에 자기 몸의 유혹을 이기고 자기의 마음을 완전무결하게 청산하기만 하면, 자기 살아생전에 말과 글로 표현할 수 없는 창대하고 안락하기 그지없는, 생명 하늘의 영원한 별(생명)이 된다. 우주 하늘님께는 살아생전에 살아서 가는 것이지, 죽은 다음에 가는 것이 아니요, 죽음 후에는 갈 수도 없다. 하늘나라로의 이사는 몸이 있을 때 해야 하는 것이다. 이미 죽은 자는 죽음 이후에 자기가 할 수 있는 것은 아무것도 없다. 살아생전에 우주 하늘님과 하나가 되어 살던 사람만이 몸을 벗고 난 후에도 영원한 생명이신 우주 하늘님과 하나가 되어 영영토록 살 수가 있는 것이다. 자기의 마음을 이기는 사람은 온 천하를 정복한 사람과 비교할 수 없을 만큼 위대하고 위대한 사람이다.

오직 사람만이 참신이요, 참 생명이요, 하늘의 열매요, 진리요, 진실이요, 완성이요, 마침이다.

'살았을 때 살아난 자 몸이 있고 없고 산 자요. 살았을 때 못 산 자는 죽어서 다시 또 죽은 자가 되나니, 두 번째 화살을 맞은 자라.'

'연이어 화살을 맞지 마라. 어리석은 사람은 두 번째 화살을 맞고, 지혜로운 사람은 두 번째 화살을 맞지 않는다.'

(잡아함경)

자기 마음이 없어야 지혜로운 자라.

'번뇌의 화살을 뽑아 집착 없는 마음의 평안을 얻는다면 모든 슬픔을 뛰어넘어 슬픔 없는 님으로 열반에 들 것이라.'

(숫타니파타-화살의 경)

번뇌의 화살은 인간의 마음이요, 열반은 우주 하늘님 품속에 있는 자기 세상이라.

'귀 있는 자는 성령(하늘님)이 하시는 말씀을 들을지어다 이기는 자는 둘째 사망의 해를 받지 아니하리라'

(계2:11)

자기 마음을 자기 살아생전에 청결하게 만든 자가 오직 이기는 자요, 이긴 자라.

사는 자가 오직 진리요, 사는 자가 오직 진실이다.
사람이 오직 진리요, 사람이 오직 진실이다.
인간은 처음부터 끝까지 가짜요, 사람만이 진짜다.
종국에는 사람 외엔 우주에 그 어떤 것도 필요가 없다.
우주 하늘님께는 오직 사람이 중요하고 사람이 전부다.
우주에 사람이 없으면 우주 하늘님은 우주 하늘에 아무 의미가 없고, 아무 재미도 없다.

●
사람

　사람은 몸을 가진 우주 하늘님이시다.

　사람은 몸 없는 우주 하늘님이 몸 가진 우주 하늘님을 위하여 스스로 나신 하늘님이시다.

　우주 하늘님이 사람을 내신 이유는, 오직, 하늘님 자신을 위한 것이지, 신과 별개인 사람, 사람, 그 자체를 위함이 아니다.

　몸 없는 우주 하늘님이, 몸 가진 우주 하늘님을 위하여 사람을 내신 것이다.

　사람은 곧, 우주 하늘님,

　우주 하늘님이 사람이요, 사람이 곧 우주 하늘님이시다.

　사람은 우주 하늘님이 몸을 입으신 것이니 우주 하늘님 그 자체인 것이다.

　'사람은 신의 표상(증거)이자, 신의 현현이다.'

　'나는 환桓이다.'
　'너도 환桓이다.'
　'우리는 모두 다 환桓이다.'

(삼성기 상)

　환桓은 광대 광명하시고 무변하신 영적 존재, 즉, 우주 하늘님을 말함이라.

28

'시천주인시천侍天主人侍天', '인내천人乃天': '자기 안에 하늘님을 모셔라', '사람이 곧 하늘님'이다.

(동학 및 천도교 사상)

사람 몸에는 사람만 살아야 되는 것이다.

'심불급중생 시삼무차별心佛及衆生 是三無差別'
'중생밖에 부처님 없고 부처님 아닌 중생 없다. 마음, 부처, 중생 이 셋은 아무 차별이 없다.'

(화엄경)

'하나님이 자기 형상, 곧 하나님의 형상대로 사람을 창조하시되 남자와 여자를 창조하시니라.'

(창세기1장27절)

'너희는 너희가 (가진 몸이) 하나님의 성전인 것과 하나님의 성령(영)이 너희 안에 거하시는 것을 알지 못하느냐 누구든지 하나님의 성전을 (자기 마음으로 말미암아) 더럽히면 하나님이 그 사람을 멸하시리라'

(전3장16절-17절)

'인간은 신의 사원이다.'

(힌두경전)

신성모독? 우주 하늘님의 신성한 몸을 가졌으면 우주 하늘님으로 사는 것이 마땅한 일이다, 신성한 우주 하늘님 몸을 가지고 우주 하

늘님으로 살지를 못하고, 죽을 인간이 죽도록 점거하고 사는 것이
신성모독이다.

우주

인간들이 하늘님, 하느님, 신, 님, 천지신명, 도, 참, 광명, 신령
님, 하나님, 부처님, 알라… 등등 여러 가지 신의 이름으로 부르는
존재가 바로 우주다.

우주가 유일신이요, 창조주요, 조물주요, 하늘님이요, 하느님이
요, 신이요, 님이요, 도요, 숨이요, 참이요, 천지신명이시요, 신령
님이시요, 하나님이요, 부처님이시요, 알라시며, 또한, 우주 전체
가 천 극락인 것이다.

이제부터 우주를 표현상 그냥 '신'이나 '참' 또는 '님'이나 '하늘' '하
늘님'으로도 호칭하기로 하자.

신(우주 하늘님)과 천 극락(우주 하늘님)은 하나시며, 일체시다

신이 따로 있고 천 극락이 따로 있는 것이 아니다.

신이 천 극락 안에 계시는 것도 아니고, 천 극락이 신 안에 따로
존재하는 것도 아니다.

신이 곧, 천 극락이고 천 극락이 곧, 신이시다.

부처님은 극락에 계실까? 극락에 부처님이 계실까?

부처님이 곧 극락이고 극락이 곧 부처님이시다.

우주 전체가 하늘님이요, 하늘나라요, 부처님이요, 극락이다.

믿음의 삶을 살던 사람(인간)들이 극락이다, 불국토다. 하늘나라
다, 낙원이다 하며, 몸이 죽은 후에 평안한 삶의 안식처로 간다 하

는 곳이 바로 이 우주다.

대체, 이 광활한 우주, 어디쯤에, 언제, 어떻게 갈 것인가? 거리적으로 지구와 하늘을 벗어나면 너무 추워서 살 수도 없다.

옛적이나 지금이나 사람(인간)들은 하늘님, 부처님… 부르기만 부르지, 이 님이 누구신지, 어디에 어떻게 계신지, 언제 만나는지, 어떻게 하면 만날 수 있는지, 알지도 못했고 알 수도 없었다.

우주는 시간과 세월 속에 있지 않으며, 영원불변하며, 영원불멸, 영원불사하는 생(광)명 자체인 신이시자, 신과 사람(신)의 안식처다. 그래서 우주宇宙를 한문으로 집 우宇, 집 주宙라 하는 것이다.

우주(신)는 시작도 없고, 끝도 없고, 위아래 높이도 없으며, 좌 우 넓이도 없으며, 깊이도 없고, 앞도 뒤도 없으며, 시간과 세월 속에 계시질 않아서 살고 죽고도 없는, 정과 신이자 영과 혼이시며, 일체 생명 만물의 무한한 근원처 이시며, 생명 처이시며, 인간의 말과 글로는 뭐라 표현 할 수 없는 신묘막측神妙莫測한 광명光明이시고, 사랑, 자애慈愛, 자비慈悲하신 생명生命의 부모父母님 그 본체本體시다.

'우주가 하나님이시기 때문에 성경에서는 하나님은 회전함도 없으시고 그림자도 없으시며 무소부재無所不在, 즉, 아니 계신 데가 없다 하는 것이다.'

(야고보서1장17절)

우주는 몸과 마음으로 존재하신다.
우주 전체가 살아 계신 몸이요, 우주 전체가 살아 계신 마음이다.

우주 몸을 정精이라 하는 것이고, 우주 마음을 혼神이라 하는 것이다.

이른바, 정신精神은 바로 이 우주를 말하는 것이다.

우주 몸을 영靈이라 하는 것이고, 우주 마음을 혼魂이라 하는 것이다.

이른바, 영혼靈魂은 이 우주를 말하는 것이다.

우주 하늘님을 인간의 눈으로는 당연히 볼 수도 없고, 인간 마음으로는 만날 수도 없다. 인간인 상태에서는 이 우주 하늘님에 대해서 일체 알 수가 없다.

우주 하늘님도 형체 아닌 형체와 마음이 있지만 인간 눈에는 보이는 형태로 계시질 않으니 있어도 없다 하는 것이다.

사람(신)이 몸이 있을 때나 몸이 없을 때나 사는 곳이 바로 우주다.

사람(신)이 몸을 가지고 사는 우주가 지구이고, 사람(신)이 몸이 없을 때 사는 우주가 하늘이다.

사람이 육의 수명을 다하면 세상(땅)에서 가지고 살던 몸(육)이 자기의 '하늘 집'의 형상이 되어 우주 하늘님 안에서 영영토록 '영체'로 자리를 잡고 거하게 되는 것이다. 자기가 가진 몸이 '자기의 하늘 집'인 것이다.

지구는 사람이 사는 땅이지, 인간이 사는 땅이 아니다.

지구는 사람(신)을 위하여 있는 것이지, 인간을 위하여 있는 것이 아니다.

지구에 사람이 살면 지구는 옥토 낙원이자 복락 동산이 되지만, 지구에 인간이 살면, 지구는 다투고 싸우고 죽이는 아비규환, 아수

라장, 법이 없는 무법천지, 전쟁터가 되어 피 흘림이 그칠 날이 없는 통곡과 원망과 한이 서린 땅이 된다.

인간들이 법을 만들어 겨우 겨우 질서를 유지하며 살기는 하지만 늘 불안하고 늘 고단하며 죽기까지 수고하고 고생만 하는 암 흑 천지일 뿐이다.

지구(땅)는 인간 눈에 보이지 않는 창조주, 조물주, 유일신인 우주 하늘님이 몸(사람)을 가지고 사시기 위하여 만드신 평화 동산이다.

지구는 사람(신)을 위하여 있는 것이지, 인간을 위하여 있는 것이 결단코, 아니다.

공중 하늘에나 지구 땅에나 자기 마음 가진 인간은 그 어디에도 있을 데가 없다.

'인간은 자기 살아생전에 미완성인 인간에서 완전무결한 완성인 사람으로 결단코, 거듭나야 한다.'

우주 부모님이 하늘(신)을 창조하시고 땅(신)을 창조하시고 사람(신)을 창조하셨다.

우주 전체가 신이니, 하늘도 신이요, 해도 달도 신이요, 일체 행성이 다 신이요, 지구도 신이요, 당연히 사람도 신이다.

하늘은 그대로 하늘이요, 땅도 하늘이요, 사람도 하늘이다.

일체는 우주 하늘님 안에 있으니, 우주 하늘님 안에 있는 것은 모두 다 우주 하늘님이시다.

하늘님이 아닌 것은 그 어떤 누구도 하늘님의 나라에 존재할 수가 없고, 존재할 수도 없다.

우주 하늘님 안에 있지만 있어서는 안되는 존재가 있으니, 오직 자기의 마음을 따로 가진 인간이다.

자기 마음을 가진 인간은 우주 하늘님을 거역하고, 반역하고, 배신하는 자가 되었다.

'신 안에 존재하면 다 신이요, 신이 아닌 존재는 신을 배신한 배신자가 된다.'

우주 하늘 부모님으로 말미암아, 우주 하늘 부모님 안에 태어나고, 우주 하늘 부모님 안에서 사는 존재가, 우주 하늘 부모님께 순종하지 아니하고 우주 하늘 부모님과 몸과 마음으로 하나가 되지 못하면 우주 하늘 부모님 앞에 아주 못된 불효자가 된다.

우주 하늘님 안에 살면서 나는 절대, 우주(신)가 아니고, '나는 그저 인간일 뿐이다' 하면서, 자기의 잘못된 신적 신념과 완강함을 굽히지 않으면, 이는 결국 우주 하늘님을 인정하고 수용함이 전연 없는 것이어서 인간 완성의 열매인 귀하고도 귀한 하늘 사람이 될 수가 없다.

우주 안에 존재하는 것은 일체가 다 우주다. 그러나 인간은 우주 안에 있지만 우주가 아니다. 인간은 우주 안에 있지만 자기를 자기로 가득 채워서, 자기 안에는 우주가 하나도 없다. 이러한 연유로, 우주(신) 안에 살면서 우주(신)를 찾는 것은 오직 인간밖에 없다.

자기 안에 있는 자기의 근본정신을 자기 마음으로 말미암아 덮어버리고 망각한 인간 속, 속 사람은, 늘 불안하고 애가 탄다. 나는 언제나 살아날 것인가? 나는 금생에 살아날 것인가? 살길이 막막할 때, 자기 마음속, 속 사람은 서러움과 슬픔만 가득 쌓여간다.

숨?

우주 전체가 다 숨(신)이다.

인간은 숨(신) 안에 살지만 오직 인간 안에만 넉넉한 숨(신)이 없다.

인간은 숨(신)이 없으면 잠시 잠깐도 살 수가 없다.

심장이 육을 위하여 있는 것이면, 허파는 우주 하늘님으로부터 영적 에너지를 공급 받는 데 쓰여진다.

인간은 숨쉬기를 통하여 겨우 겨우 자기 생명을 유지한다.

만일 인간이 자기 살아생전에 자기의 마음을 완전무결하게 다 없이 하여 버리면, 자기 몸 전체가 숨체가 된다.

이른바, 숨 안에 있는 온전한 숨이 되기 때문에 더 이상 숨쉬기를 통하여 사는 것이 아니라 숨 속에서 숨으로 존재하며 숨과 하나가 되어 숨과 함께 영영히 사는 것이다.

●
신의 역사

인류 최초의 시작은 대한민국 한국인의 시조인 환국의 환인부터라고, 칠천 년의 기록이 환단고기에 극명하게 쓰여져 전해짐에도 불구하고 정작 한국인들은 자기들에게 전해지는 자기 조상들의 이 귀하고도 귀한 생명의 역사를 받아들이지를 않고 있으니, 하늘이 통곡하고 땅이 통곡하고 온 조상이 통곡하고 온 인류가 통곡할 일이 아닐 수가 없다.

환단고기 이전 역사도 있으니 마고성과 율려국과 그 외의 역사 또한 무궁하고 장대하다.

환단고기는 인류의 역사이자 사람(신)의 역사이며 수많은 전쟁과 환란 중에서 기적같이 전해진 인류 최대 최고의 유일무이한 보물이다.

인간 정통 역사의 끝에는 반드시 사람(신)이 있어야 한다.

인간 정통 역사 처음에 사람(신)이 나타나질 않는 역사는, 역사도 아니고 인류에게 아무짝에도 쓸모가 없는 그저 빛바래고 오래된 종이 쪼가리에 불과하다.

신이 없는 인간 역사를 산더미처럼 쌓아서 보관한들 도대체 그걸 어디다 쓸 것이며, 뭔 소용이 있나?

어느 인간이 얼마나 크게 나라를 세웠고, 얼마만큼 넓은 땅을 정복했는지, 또 얼마나 큰 천황이 있었고, 황제가 있었고, 왕이 있었는지는 아무것도 볼 것이 없다.

대한민국 국민은 기필코 자기 역사를 회복해야 한다.

문서적으로 밝혀진 것만 해도 9,200년이 넘는다. 역사 반만 년이라고 하는 노래는 당장에 멈춰라.

인류 최초로 인류와 인류 문명을 시작한 역사를 가진 대한민국이 다른 나라보다 역사 기간이 짧다는 것은 실로 기가 막히고 억울하기 짝이 없는 일이다.

중국은 없는 역사도 만들어서 악착같이 일만 년을 채우려 하고 있다.

한국인은 인류를 처음 시작한 민족이기 때문에 그 착한 양심과 선한 마음과 다정다감한 정의로움과 자상하고 자비한 마음이 끊임없이 이어져 오고 있다. 그래서 정통 한국인에게는 잔혹하고 잔인한 마음이 아예 없다. 자기밖에 모르고, 거짓말을 밥 먹듯이 하고, 사기 치고, 해치고, 늘 싸우려 하고, 끊임없이 분열하고, 사람을 죽이려 드는 자는, 한국인의 말을 하고, 한국인의 모양을 하고는 있지만, 정통 한국인이 아니다.

그래서 진짜 한국인은 자기 나라가 침략을 당할지언정 욕심을 내세워 다른 나라를 침략하는 법이 없다. 그러나 근본정신인 '얼'이 절멸당할 위협을 당할 때는 자신의 목숨 따위는 초개같이 여기고 나와, 나라와 민족 정신(얼) 지키기에 죽을 각오로 임하여 기어이 승리하고 만다.

예부터 머저리 군주와 그 무리들이 나라를 망치면 분연히 일어나 기어이 나라를 지켜 내고 살려 내는 것은 조용하지만 드높은 환桓국의 기상과 정통 정신으로 충만한 대한의 얼(정신) 지킴이들이었다.

지금의 한반도 북쪽 북한을 넘어 중국 땅을 포함하여 동서남북 수만 리 땅이 모두 다 한국인 조상의 옛터였다.

인류를 시작한 나라가 대한민국 한국인 조상님들이었으니 세상의 형제가 다 우리 형제요, 세상의 땅은 모두 한국인들의 땅이라 해도 아무도 뭐라 할 말이 없다. 우리 민족이 누군가? 내 것, 네 것 따지는 민족이 아니다. 우리는 항상 우리요, 너와 나가 없는 천손 민족이다.

오늘날 중국은 인류 시조국 대한민국에서 나온 형제 나라요, 일본 또한 대한민국에서 나온 형제 나라다. 한국 중국 일본에서 쓰는 한자 또한 우리 시조께서 만드신 글자이니, 중국은 현재 자기들이 쓰는 글자를 자기들이 만든 적이 없다. 한국 정부는 중국이 한자를 자기들이 만든 것처럼 선전하고 감사함이 없이 사용하는 것을 방치하고 내버려 두어서는 안 된다.

중국은 여러 나라 이름으로 우리나라를 셀 수도 없을 만큼 많이 침략했다. 우리 조상들은 쫓기고 쫓겨 지금의 한반도에까지 이르렀다.

일본 역시 우리나라를 틈만 나면 노렸다. 일본은 수천만 명의 한국인들을 참살했고 우리의 유구한 역사와 인류가 하늘과 통하는 귀하고 귀한 모든 고문서와 문화와 문명품들을 말살한 나라다. 참으로 배은망덕하고 극악무도하기가 짝이 없는 천하에 둘도 없는 나쁜 놈들이다.

중국과 일본은 우리 시조의 인류 보고의 역사와 오랜 조상의 광명 역사를 모두 불태우고, 모두 훼손하고, 모두 말살하고, 심히 왜곡하고, 변조하였으니, 그저, 통탄하고 통탄할 일이지만, 어떤 일이 있어도 인간 근본에 대한 신의 역사는 끊어질 수가 있질 않아서 겨우 겨우 그 기록이 환단고기로 전해지고 있으나, 오늘날 대한민국 정부도, 역사학자 그 누구도, 불굴의 의지로 이를 회복하려는 의지가 있는 사람이 없으니 충무 열사, 순국 열사, 애국 열사 조상님들의 얼굴을 어찌 보려 하는가?

오늘날도 여전히 중국과 일본은 자기들이 저지른 어마어마한 패악을 반성함이 없이, 여전히 하던 짓을 계속하고 있으니 우리 한국인은 역사를 철저히 알고 지혜롭게 대응해야 함은 물론, 모든 역사를 원래대로 회복하려는 노력을 결코 게을리 하면 안 된다.

중국과 일본이 한국에 저지른 만행은 사과를 받아서 되는 일이 결코 아니니, 특히 일본에 대하여, 한국의 방송에서는 일본이 어떤 사안에 대하여 '사과를 했느니', '안 했느니'와 관련한 방송을 해서는 절대 안 될 일이다. 또한, 일본 나라 전체가 모두 한국의 조상님들에 의하여 건국된 나라이니 자그마한 섬 독도를 가지고 일일이 말려들어 시비하지 말고 그저 굳건히 살던 대로 살면 된다.

일본 스스로 사과하고 또 사과하고 배상하고 또 배상하기 전에는 결코, 먼저 사과 운운하는 방송을 하지 말라.

우리 대한민국은 중국과 일본에 의하여 너무 많은 침탈을 당하고 너무 많은 고초와 속박을 당하여 정통 한국인의 정신이 말로 표현 못할 만큼 많이 오염되어 있다. 중국의 사대 정신과 일본의 식민사관으로 꽉 찬 모지리 지도자가 너무나도 많다.

정통 한국인은 같은 민족에 대한 마음이 냉정하지 못하여 악하고 잘못된 일에 대하여는 발본색원拔本塞源하여 그 뿌리조차 뽑아 버려야 마땅함에도 불구하고, 늘 그 끝장을 보지 못하는 것이 매우 큰 문제다. 이 우유부단함 때문에 오늘날 세계를 향하여 큰 기상의 날개를 펼치지 못하고 작고 답답한 섬나라 아닌, 섬나라에 갇혀 아무 일도 아닌 일로 허구한 날 서로 다투고 싸우는 한심하기 짝이 없는 세월을 보내고 있다.

현재 우리 대한민국은 겨우 한반도에 거처하고 그 조차 절단 당하여 남쪽인 땅에서 부비고 살지만, 인류의 시조이자 우리 시조 환인께서 터를 잡은 곳은 우리의 북방, 중국 땅 전체를 넘어섰었던 광활한 땅이었다.

부도지 역사 기록에 의하면 우리나라를 통하여 황족과 백족과 청족과 흑족이 세계로 나갔다 되어 있으니, 지금의 어느 나라 어느 경전에 이런 기록이 있는가?

한국인은 인류 시조의 역사를 가진 장대하고 장엄한 나라이니 그 깊고 깊은 역사에서 나오는 문화 역량을 대체 어느 나라가 능가하겠는가?

정부와 국회와 역사학자들은 한국인 본연(신)의 정신(하늘)을 회복하여 대한민국 9221년의 역사와 그 이상의 역사를 당장에 복원하여야 한다.

기록에 의하여 남겨진 역사만 따져도 일만 년을 훌쩍 넘어 버리지만, 우리는 인류 시조인 천손의 자손으로 그깟 것 땅의 역사에만 매달릴 것이 없다. 우리는 또한 하늘 역사를 장구하게 가지고 있기 때문이다.

우리에게는 하늘과 땅, 삶과 죽음의 경계가 없이 사셨던 조상님들이 숱하게 있었고, 하늘길이 막히지 않도록 언제나 하늘문과 하늘길을 지키시고 계셨던 조상님들이 있었다. 인간에서 사람이 되는 길은 오직 한국 땅 한국인 중에만 있으며, 우리 대한민국이 인류 시조이며 하늘 장자인 증거는 국가적으로 개천절을 기념함이 그 증거요, 대통령 휘장에도 있으니 봉황새와 무궁화가 그것이며, '바른생활'과 '도덕'을 어릴 적부터 학교에서부터 가르치고 있는 것들이 그 증거다.

오늘날, 또 다시,
시조의 나라에 천신(인)께서 오셔서 금 생을 사는 인류에 다시 없을 하늘을 여셨으니, '나와 우리와 세계 인류를 구하라'는 '홍익인간弘益人間'이 실현되는 기적적인 역사를 실제로 보게 된 것이다.
다시 오신 천인(신)께서 140억 년 묵은 인간 마음의 세월을 부수고 우주 정중앙, 생명의 나라에 인간人間 완성完成된 사람들을 옮기시기 시작하셨으니 심히 경외敬畏스럽고 경탄驚歎스럽기 그지없다.

●
사람이 되는 길

인간(귀신)은 죽지만 사람(참신)은 죽는 것이 당연히 없다.
지금으로부터 140억 년 전에는 우리가 현재 살고 있는 우주에 아무것도 없었다.
일체 생명체가 없었고, 별(행성)도 없었고, 구름도 없었고, 바람도 없었다. 아무것도 없었다.
당연히 사람도 없었다.
140억 년 전부터 우주는 천체와 바람과 구름과 일체 생명을 나투시기 시작하셨다.
그러므로 오늘날을 사는 인간들한테는 140억 년의 세월과 문명이 쌓여 있다.

인간에서 사람이 되고자 할 때는 자기 속에 있는 이 140억 년의 세월과 문명을 모두 없애야 한다.

그래야 140억 년 전 아무것도 없던 곳, 즉 무심한 나라(마음)와 하나가 될 수 있다.

오늘날 많은 사람들이 자기 근본을 회복하기 위하여 숱한 고난과 고초를 무릅쓰고 수양과 수련을 함에도 불구하고 자기 근원(신)을 못 찾은 이유는 이 140억 년의 세월과 문명을 극복하지 못하기 때문이다.

자기를 부정하고 부정하면 지금 세상에 몸을 입고 와 계신 천신을 만날 수가 있다.

자기 마음을 철수시킬 생각이 전혀 없이 오직 자기 자랑과 자기 영광만을 위하여 사는 인간의 마음을 가지고 있는 상태에서는 결코 천신을 만날 수가 없다.

겸손하고 착한 마음을 가지고 간절히 찾고 찾으면 천신을 만난다.

천신을 만나면 천신께서는 인간에서 사람이 되는 방법을 세세하게 알려 주신다.

천신 앞에 굽신거릴 것도 없고 굴종도 할 필요가 없다. 가짜는 늘 굴종을 요구하지만 진짜는 쓸데없는 짓을 할 시간이 없다.

천신은 자기를 찾은 사람에게 천신과 똑같은 상태가 되도록 방법을 주신다.

가짜를 진짜가 되게 해 주시고, 죽은 자, 죽을 자를, 살 자, 사는 자, 산 자로 만들어 주신다.

비참한 자를 참한 자로 만들어 주시고, 안 착한 자를 착한 자로 만들어 주신다.

나의 요단강을 말려 주시고, 나의 북망산을 뭉개 주신다.

아예, 요단강을 안 만나게 해 주시고, 북망산 볼 일을 없게 만들어 주신다.

천신은 자기 죽음을 이미 해결한 분이시므로 자기를 찾은 인간 역시 살아생전에 자기 죽음을 이기게 하신 후 영영한 세계로 너끈히 인도해 주신다.

●
승천

인간은 참사람이 되어 살기 위하여 우주 하늘님이 우주 하늘님을 위하여 세상에 내신 사람의 씨앗이다.

인간이 자기 살아생전에 사람이 되면 '승천자昇天子'라 할 수가 있는 것이다.

인간에서 사람이 되면 자기 죽음을 이미 해결한 상태에서 몸을 가지고 극락極樂한 삶을 살다가 몸을 벗은 후에는 몸은 없지만 몸 모양의 마음을 가지고 그 극락한 삶이 그대로 영원히 이어지게 된다.

자기 살아생전에 극락한 상태로 살던 사람이 몸을 벗은 후에도 극락한 나라로 가는 것이요, 자기 살아생전에 자기 마음이 극락한 상태가 아니었던 이는 죽어서도 극락한 상태는 당연히 없는 것이다.

이른바, 살던 이는 계속 살고, 죽었던 이는 계속 죽는 것이다.

성경책을 보면 헤아릴 수 없이 많은 사람들이 태어나서, 사는 자가 되지 못하고 다 죽는 지경에 이르는데도 불구하고, 세 명의 승천자가 있었으니, 에녹이요(창5:24), 엘리야요(열하2:11), 그리스도라 칭하는 예수(막16:9, 눅24:51)다.

사람(신)이 지구 땅에 살면서 오랜 문명과 문화와 역사를 축척하다 보면 사람은 변하여 인간이 되고 만다.

성경에는 사람이 선악과를 먹고 타락(인간)했다는 내용이 나오는데, 이는 인간이 나고 죽고를 반복하면서 오랜 문명과 문화와 역사를 자기 몸(뇌)에 차곡차곡 자동으로 저장하는 것을 말하는 것이다.

사람은 자기 삶의 세월이 쌓여지게 됨에 따라 점차 자기의 근본이 감춰지고 덮여져서 완전무결하다시피 신의 존재가 망각 되고 만다.
이로써, 인간은 마침내 우주 하늘님과 결별하고 신을 자기와 별개로 생각하게 되었으며, 인간들마다 각각 자기 마음대로 신을 크게 왜곡하고 곡해하기를 시작하게 되었으니, 이렇듯 신에 대한 인간들의 무지로 말미암아 인류는 끊임없는 죽음의 비극 길에 들어서게 되었으며, 오늘날 이 잘못된 죽음은 아주 당연하게 여겨지고 받아들이게 된 것이다.

수 억겁 두꺼운 인간 마음을 가짐에도 불구하고 인간 마음속에는 '양심이다' '선이다' '의다' 하여 사람의 정신(얼) 숨결이 아슬아슬하게나마 작은 불씨로 남겨져 있는 상태에서 이어져 오고 있으니 그나마 매우 다행한 일이 아닐 수가 없다.
자기 근본(신)을 잃어버린 인간은 자기 속에 자기의 근본(신)이 있는 것을 망각한 채, 자기 밖에서 자기 근본(신)을 찾으려 하는 어리석은 짓을 수천 년을 이어져 오늘에 이른다.
인간이 인간의 역사를 시작하여 나라가 세워지고, 이후 나라가 질서를 잘 잡으면 어김없이 만드는 것이 바로 신전神殿이다.
인간의 근본은 신(사람)이므로 인간이 자기 근본(신)을 찾으려 하는 마음을 본능적으로 드러내는 것이 바로 신전이다.
인간의 근본이 신(하늘)이니, 신과 인간은 떼려야 뗄 수가 없는 것이다.

'인간은 본능적으로 늘 신을 찾게 되어 있다.'
'인간 마음속에도 무형의 신전이 있으니 신을 찾는 마음이라.'

인간은 사람의 표상이요, 사람은 신의 표상이자, 신 그 자체시다.
사람은 무한 광명 우주(신)의 일부분이 아니며, 몸 크기에 상관없이 우주 자체이자, 본체이다.
그러므로 유일신 우주 하늘님 안에는 인간이란 없는 존재인 것이다.
인간으로 왔다가 자기 살아생전에 살아서 사람으로 잘 돌아간 사람을 일러 '승천昇天'했다 하는 것이다.

●

아리랑

아리랑 노래는 '인간을 이기고 사람이 되라'는 일체 경전의 압축된 메시지다.
'참을 찾는다' '참을 찾으라'는 말은, 인간은 인간 마음을 버리고 사람이 되어 살아 계신 우주 하늘님과 자기 살아생전에 '하나가 되라'는 말이다.
인류의 시작은 오늘날 대한민국 대한인이요, 그 터는 지금의 한반도를 비롯하여 지금의 중국 땅 전체를 넘어 동서남북 수만 리에 이른다.
대한민국이라 하는 우리나라 한민족에 의하여 지구 땅에 최초로 사람이 시작되었고, 이 한민족에게는 하늘 경전經典이 전해져 오고 있었다.
현재 부도지를 비롯하여 대표적으로 세 가지가 전해지고 있는데, 그 것은 '천부경'과 '삼일신고'와 '참전계경'이다. 다른 고대 문헌과 기록이 얼마든지 더 있었으나 지금은 일단, 이 세 가지만 따져 보기로 하자.

위의 경전은 우리나라의 경전이자, 인류 최초의 경전이고, 인류의 시작과 마침에 관한 경전이다.

이 세 가지 경전을 압축하면 압축할 수 있는 메시지가 만들어지는데, 이 메시지가 바로 '아리랑'이다.

또한 불경, 성경 등 일체 경들을 요약하면 '아리랑'으로 축약할 수 있다.

아리랑은 '원시반본元始返本' 즉 '자기 근원을 회복하라'는 말이다.

'원시반본元始返本' 하라는 말은, '자기 살아생전에 인간에서 사람이 되라'는 말이다.

인간은 미완성 자요, 사람은 완성 자이다.

아리랑을 단 하나의 사자성어로 표현하자면, 자기 살아생전에 자기를 다 이기고 무사귀환無死歸還하라는 말이요,

무사귀환無死歸還을 단 한마디로 정의하자면 '생生', 즉 '산 자', '살아난 자'이다.

무사귀환은, 땅에서 인간으로 살다가 죽는 자가 되지 말고 살아생전에 살아서 생명인 우주 하늘님 나라에 들라는 말이요, 생명인 우주 하늘님과 하나가 되라는 말이다.

사람들은 인생에는 답이 없다고 말한다.

인생의 답을 모르는 것은 인생의 문제를 모르기 때문이다.

인생의 문제는 뭔가?

우리가 대화 중에 이따금 생각 없이 하는 기가 막힌 하늘 말이 있는데, 인생의 문제가 뭔지 아주 정확하게 하는 말이 있다.

'사느냐 죽느냐 이것이 문제로다!'

이 말이 인생의 문제다.

그럼, 답은 뭘까? 인간들은 모두 죽는 것을 당연하게 알고 사는 중에, 인생의 문제를 모른다 하니, 죽는 것은 당연히 답이 아니다.

그러므로 인생의 답은, '죽지 않고 사는 것', '죽음 없이 사는 것'이 답이다.

사는 것은, '자기 살아생전에 자기의 죽음을 넘어가는 것'을 말하는 것이다.

'죽는 말에 속아서 죽는 삶을 살면 결단코 안 된다.'

'무도의 진실은 이기는 것이다, 그 외의 것은 모두 가짜다.'

(Miyamoto Musaci)

칼싸움을 함에 있어서 천하무적天下無敵이었던 사람이 한 말이다.

'인간에게 있어서 삶의 오직 진실은 자기 살아생전에 자기의 죽음을 해결하고 사는 자가 되는 것이다. 이 외의 것은 모두가 가짜요, 헛짓이다.'

'사망아 너의 쏘는 것이 어디 있느냐 사망아 너의 이기는 것이 어디 있느냐'

(고전15장55절)

죽는다는 말은 더 이상 해서도 안 되고 자기의 죽음을 결코 당연히 받아들여서도 안 된다.

사람(신)은 영원히 살기 위해서 세상에 나는 것이다.

46

우리는 모두 '우리'로 태어난 '하나'였었는데, 우리로 태어난 하나를 까마득히 잊고 각각 흩어져 '나는 나', '너는 너'가 되었다.

그러나 이제는 인간이 살길과 하나 되는 길이 열렸으니 '개과천선改過遷善'하고 '환골탈태換骨奪胎'하여 '참나'를 회복하지 않으면 안 되는 때가 되었다.

'환'이라는 말이나 '한'이라는 말은 '그야말로 크고도 큰, 이루 말로 다 할 수 없는 큰 생명'이라는 뜻이다.

우리 시조가 환인이요, 환웅이요. 배달이요, 단군이시다.

모두 다 신이거나 신의 경지에 있었던 분들이시다.

한국인은 자부심과 긍지를 무한히 가지라.

한국인은 천손 민족이자 세계 민족의 장자인 나라다.

한국인은 모든 면에서 세계에 본을 보여야 할 막중한 책임이 있다.

홍익인간弘益人間 하라는 말은, 나를 살리고 또 이웃도 잘 살게 해 주라는 말이다.

사는 것은 영과 혼이며, 정과 신이지, 몸(육)이 사는 것을 말하는 것이 당연히 아니다.

세계인의 정신이 죽고 살고는 오직 인간의 죽음을 해결한 대한민국, 한국인, 천신(인)에게 달렸다.

'아리랑'은 인간이 점령해 가지고 있는 몸이, 인간 몸이 아니니, 자기 살아생전에 몸의 주인인 '창조주께 속히 몸을 돌려 드리라'는 창조주의 간절한 호소이자, 청원이자, 명령이다.

●
선두말

나는 나니, 나는 신이라.

신은 오직 나니, 나는 우주라.

인간들이 하늘님, 신, 님, 천지신명, 도, 참, 광명, 생명, 영혼, 정신, 태양, 신령님, 상제님, 하느님, 하나님, 부처님, 알라… 등등 여러 가지 신의 이름으로 부르는 존재가 바로 나라.

나가 몸을 받아 나왔으니 나는 사람이라.

나 우주가 조물주요, 창조주요, 유일신이요, 종교에 몸담은 사람 (인간)들이 몸이 죽어 좋은 데 간다 하는 그 하늘나라요, 극락이란 데가 바로 나요, 도가 통하면 간다 하는 데가 바로 나요, 깨달음의 목적지가 바로 나요, 사람의 영원한 안식처가 바로 나다.

나는 신이자 곧, 천 극락이라.

신이 천 극락 안에 계시는 것도 아니고 천 극락이 신의 어디에 따로 있는 것이 아니라,

신이 곧 천 극락이요, 천 극락이 곧 신이다.

사람은 곧 신이라.

형상과 모양이 없는 신께서 형상과 모양을 갖춘 신을 신의 품속에 내셨으니 곧 사람이라.

사람은 신의 품 안에서 신의 형질로 태어나고, 신의 품 안에서 신의 형질로 화평 동산인 지구에서 살다가, 살던 몸을 잃은 후에는 신의 품 안에서 신의 형질로 즉, 자기가 세상 살던 '몸 모양'이 '마음의

모양'이 되어 그대로 영원히 지극히 극락한 상태로 우주 하늘님 품에 남겨진다.

신적 존재인 사람은 몸(육)을 가지고 있는 동안에, 가장 먼저, 몸(인간)을 이길 준비를 하고, 마침내 몸(마음)을 이기고, 몸(죽음)을 이긴 후에는 새 몸을 받고 생명인 우주 하늘님과 하나가 되어 이후에는 몸(죽음)에 구속받지 않고 죽지 않는 하늘 삶(생)을 살다가 자연스럽게 몸을 벗고는 살던 대로 살던 몸과 마음을 가지고 영원에 들어간다.

사람은 세 번에 걸쳐서 영원에 들어가는데, 첫 번째 세상이 어머니 자궁 속 세상이요, 두 번째 세상이 몸(육)을 가지고 사는 세상이요, 세 번째 세상이 몸을 벗고 사는 세상이다.

인간은 자기 살아생전에 자기가 가진 인간 마음을 완전무결하게 청산해서 '죽을 자에서 죽지 않는 자가 되는 것'이 인간의 오직, 삶의 목표이자 의무이고 책임이며 사명이다.

신은 오직, 신의 몸을 신께 되돌리려 하는 자, 진짜로 살려고 하는 자, 죽기 살기로 신과 하나가 되려 하는 자, 기어이 사람의 길을 가려 하는 자를 우선하여 관심하며 주목하고 보살핀다.

인간은 헛되고 허망한 삶을 잠깐 살다 죽을 인간으로 세상에 오는 것도 아니요, 죽는 인간도 아니요, 죽을 수도 없는, 영원히 살기 위해 오는 사람의 묘목이다. 처음부터 사는 자요, 산 사람이라. 그 누구도 죽는 자로 오는 것이 아니거늘, 참으로 오래고 오랜 동안 죽는

늪에 빠져 자기들 스스로, 그리고 서로 서로, 죽음을 당연시 하고, 죽는 말로 속이고 속아 다들 죽는 자가 되어, 다 죽어 버렸도다.

지금까지 헤아릴 수도 없는 긴긴 세월 동안 깊고도 깊은 곳에서 어둡고도 캄캄한 절망과 죽음의 잠을 잤던 우리는 오늘날 꿈(허상)에서 생시(실상)로 나오시고, 또, 시간과 세월을 부수시고 시간과 세월 밖으로 나오신 천신을 만나 저주스럽던 죽음의 족쇄를 풀어 버리고 마침내 해방되게 되었도다.

우리는 이제, 자기 금 생에 일체 세상 추억(상)을 다 삭발(죽임)하고, 꽁꽁 묶여 있었던 자기의 봉황(생명)의 날개를 활짝 펼친 후, 죽음의 땅을 박차고 올라 생명 창공(우주)에 훨훨 날아오르도다.

'나'란 나의 생명 된 근본 마음은, 처음부터 시작도 없으시고, 끝도 없으시고, 넓이도 없으시고, 깊이도 없으시고, 처음과 나중이요, 불생불멸이시고, 시간과 세월 속에 계시지도 않으시고, 영원부터 영원토록 변함없이 살아 계셔서, 뭐라 인간 말이나 글로는 호명이나 표현할 수 없는, 하늘 부모님, 정과 신, 영과 혼 정 중심에 있었으나 이를 알지 못하였다. 그러나 이제 우리는 '대오각성大悟覺醒'하고 '신출귀몰神出鬼沒' 하여 이를 명징하게 알 때가 되었도다.

하염없이 수천 년, 수만 년, 기다리던 님(참)을 금 생에 만나 그 님(참)과 하나가 되어 살길이 활짝 열렸으니 이제 우리는 아무 여한이 없으며 실로 기쁘고도 기쁘고 한량없이 즐겁고도 즐겁도다.
이제 우리는 육적 역량인 백세, 천세를 넘어 모두 다 영영永永하신 하늘 부모님 품에 들어 만세!, 만세!, 만만세!,의 대大 영웅英雄이 되게 되었도다.

　자기 마음을 가지고 죽을 때까지 자기 마음대로 살았던 호랑이(인간)는 피 묻은 가죽(망령)을 공중에 남겼지만, 거짓 세상 살았던 나를 나 살아생전에 다 이긴 곰(사람)은 처음부터 영원永遠까지 영영永永토록 살아 계신 무심無心한 우주 하늘님 나라國에 안락安樂하고 복락福樂한 '내 마음의 나라'를 기어이, 마침내, 잘 세웠도다.

일러두기

(인간)

자기 마음을 가지고 자기 마음대로 살면, 인간, 유심자, 망자, 죽는 자, 죽을 자, 종, 노예, 악, 악질, 악인, 사, 사적, 삿된, 모래성, 꿈속 삶을 사는 자, 땅의 인간, 인간의 딸, 귀신, 사탄, 마귀, 악마, 망령, 집 나간 아들, 탕자, 가짜, 안 착한 사람, 못된 인간, 못난 인간, 미천한 자, 정떨어진 자, 비정상, 절대 악, 악순환, 댕기머리, 사심을 가진 자, 하늘에서 떨어진 자, 불통자, 실패자, 미 완성자, 망한 자, 하늘 마음이 가난한 자, 우맹 자, 소인배, 근심 덩어리, 괴물, 어둠, 못 깨친 자, 비참한 자라고 참작하여 표현하였다.

(사람)

자기 마음을 다 버리고 우주 마음으로 살면, 사람, 무심자, 생자, 산 자, 사는 자, 영생 자, 주인, 왕, 선, 순질, 선인, 공, 공적, 공된, 공든 탑, 생시 삶을 사는 사람, 신의 아들, 참신, 생령, 신령, 돌아온 아들, 왕자, 진짜, 착한 사람, 잘된 사람, 잘난 사람, 천한 자, 정이 있는 자, 정상, 절대 선, 선순환, 상투 머리, 공심을 가진 자, 하늘과 하나 된 자, 소통자, 성공자, 완성자, 흥한 자, 하늘마음이 부한 자, 지혜 자, 대인배, 복 덩어리, 선물, 광명, 깨친 자, 참한 자라고 참작하여 표현하였다.

이런 구별에도 불구하고 이 책에서는 인간, 사람 구분 없이 같이 쓴 경우도 있다.

이 책에서 '죽으라', '죽이라' 하는 말은, '몸'을 말하는 것이 아니라, 오직 자기가 만들어 가진 자기의 '마음'을 '죽이고', '죽으라'라고

52

하는 것이다.

절대, 몸이 죽는 것으로 잘못 알지 마시길 바란다.

부디 금 생, 자기 살아생전에 자기와 잘 싸워서 자기의 마음(죽음)을 다 해결하고 승리하여 생사生死가 없는 나라로 건너가는 위대한 대영웅大英雄이 다 되시기 바란다.

남은 생애는 인간에서 사람이 되어 땅 하늘 구분이 없고, 신과 인간이 따로 없는 세상에서 영원 생명인 우주 하늘님과 생전에 하나가 되어 생전부터 영영한 안락에 들어 안녕과 행복이 무한하기를 간절히 기원하는 바이다.

'아리랑'은, '자기 살아생전에 자기 죽음을 이기고 살아서 우주 하늘님께 돌아와 우주 하늘님과 하나가 되라'는 '생환가'이며, '귀향가'이며, '본향가'이며, '회향가'이며, '독촉가'이자 '응원가'이다.

아리랑 곡조에 맞추어 살아 돌아갈 고향과 하늘 부모님 상봉을 희망하며 노래 삼아 부르면 어느덧 자기를 이길 방법을 만나고, 거듭 다시 나서, '생명의 집'에 들어서게 될 것이다.

이를 격려하고 응원하기 위해서 '아리랑 노래'에 맞도록 곡을 만들어 보았다.

'아리랑 노래' 글자 수에 맞도록 40 글자로 구성하였다.

아리랑 글자 수가 40자이기 때문에 글자 수와 모양에 맞추어야 해서 존칭과 존어, 띄어쓰기, 마침표 등은 모두 무시되었다.

참生 찾는 아리랑

목 차

제1장 환국 아리랑

제01장 01판 아들아 아들아 아들들아 생전에 살아서 돌아와라
제01장 02판 정이랑 신이랑 정신이요 정이랑 신이랑 하나로다
제01장 03판 아버지 어머니 생명이요 부모님 아들들 기다린다
제01장 04판 하늘님 선인만 내시도다 하늘님 악인은 낼수없다
제01장 05판 지금생 나지금 사람이면 전생에 최고선 살았었다
제01장 06판 큰날개 가진자 바로나요 날개를 펼치고 훨훨날라
제01장 07판 인간은 슬프고 서럽고요 사람은 만평생 기쁘도다
제01장 08판 하늘아 하늘아 하늘들아 인간을 이기고 사람돼라
제01장 09판 곱구나 밉구나 덧없고요 잘났네 못났네 부질없다
제01장 10판 인간중 잘난자 하나없다 맘없는 사람만 잘난자다
제01장 11판 죽음을 넘어서 살아나라 생전에 살아서 하늘가라
제01장 12판 정한수 떠놓고 빌지말고 정한수 속으로 들어가라

제2장 봉황 아리랑

제02장 01판 알이랑 얼이랑 알알이요 알이랑 슬이랑 알알이다
제02장 02판 있구나 없구나 참견말고 적구나 많구나 타박말라
제02장 03판 마음을 가지면 캄캄절벽 마음을 버리면 화평자유
제02장 04판 나있는 맘세상 정신없고 나없는 맘세상 평화복락
제02장 05판 악이야 선이야 한몸이요 죽을자 살자가 붙었구나
제02장 06판 나쁜자 좋은자 한몸이요 슬픈자 기쁜자 붙었구나
제02장 07판 얼라리 꼴라리 되었구나 하늘서 땅으로 떨어졌다
제02장 08판 집나간 방탕자 돌아와요 부모님 애간장 다타도다
제02장 09판 인간은 죽어서 땅속가고 사람은 생전에 하늘난다
제02장 10판 몸따라 마음도 죽어지면 얼마나 좋을까 안죽는다
제02장 11판 얼씨구 절씨구 지화자여 엄청난 열매가 되었구나
제02장 12판 부모님 세상에 오셨도다 기어이 살아서 살아나라

제3장 영광 아리랑

제03장 01판 똥고집 세우면 철지난다 심술통 버리고 철에들라
제03장 02판 정든님 사랑님 다버려라 내맘속 헛것이 날잡는다
제03장 03판 악이야 선이야 바로나요 옥이야 금이야 바로나다
제03장 04판 죽는님 죽을님 하늘원수 생전에 님죽음 해결하라
제03장 05판 악맘에 뭉치면 죽을자요 선맘에 뭉치면 영원산다
제03장 06판 자기맘 가지면 맹꽁이요 두껍고 두꺼운 두껍이다
제03장 07판 백세야 천세야 만세돼라 불에서 물에서 탈출하라
제03장 08판 높은자 없도다 하늘나라 낮은자 없도다 하늘나라
제03장 09판 생명인 아들아 아들들아 자기를 이기고 귀향하라
제03장 10판 피범벅 자기맘 모르구나 핏덩이 설쳐서 이난리다
제03장 11판 가짜를 버려야 진짜된다 나는나 너는너 다죽는다
제03장 12판 천계명 만경전 날살리라 나죽은 후에는 쓸데없다

제4장 하늘 아리랑

제04장 01판 말에나 글에는 진리없다 죽음을 이긴님 진리로다
제04장 02판 자기맘 가지면 악한자요 자기맘 버리면 선한자라
제04장 03판 인간은 가짜라 살수없고 사람은 진짜라 죽음없다
제04장 04판 속여도 속여도 속는구나 인간맘 가지면 다속는다
제04장 05판 머리털 검은님 짐승이요 머리털 하얀님 사람이다
제04장 06판 소풍온 땅에서 정착말고 서둘러 집으로 돌아가라
제04장 07판 앉은자 누운자 일어나고 귀먼자 눈먼자 광통하라
제04장 08판 자기맘 있으면 가짜사랑 자기맘 없으면 진짜사랑
제04장 09판 무덤속 사는님 탈출하라 자기가 자기의 무덤이다
제04장 10판 물불속 살면서 피리부나 제정신 아니다 귀신이다
제04장 11판 신나라 명나라 신명나라 새마음 새세상 일어난다
제04장 12판 아직도 참맘을 모르느냐 언제나 맘알아 행복할까

제5장 사람 아리랑

제05장 01판 어둠왕 인간아 사람돼라 자기만 이기면 사람된다
제05장 02판 습과업 가진몸 바로나요 조상맘 나의맘 너무많다
제05장 03판 살아서 가거라 하늘나라 죽으면 못간다 사는나라
제05장 04판 사망아 죽음아 나없도다 무심한 마음엔 죽음없다
제05장 05판 영광과 환호에 속지말고 대중을 떠나서 혼자돼라
제05장 06판 슬픔아 슬픔아 기쁨돼라 사람은 슬플일 하나없다
제05장 07판 이세상 저세상 한자리요 난자리 선자리 그자리다
제05장 08판 내마음 가지면 죽어지고 내마음 버리면 살아난다
제05장 09판 나있다 나있다 난리세상 나없다 나없다 하늘세상
제05장 10판 잘났다 잘났다 너잘났다 옳도다 옳도다 너옳도다
제05장 11판 맘가진 인간은 불쌍한자 맘없는 사람은 당당한자
제05장 12판 우주와 마음이 하나인님 그런분 오셔야 길열린다

제6장 훨훨 아리랑

제06장 01판 불쌍타 가엾다 죽는님들 죽음을 이겨야 영웅이다
제06장 02판 어둠아 광명아 바로나요 지옥아 천국아 바로나라
제06장 03판 인간은 생귀신 망령이요 사람은 생참신 생령이라
제06장 04판 인간은 살아도 죽은자요 사람은 죽어도 산자로다
제06장 05판 생전에 죽으면 영영살고 죽은일 없으면 영영망신
제06장 06판 제사의 제물은 바로나요 나없는 제사는 허사로다
제06장 07판 자기맘 이기면 아들이요 자기맘 이기면 영웅이다
제06장 08판 부어라 마셔라 죽을인생 어차피 죽는다 인생살이
제06장 09판 인간맘 부하면 망할자요 하늘맘 부하면 흥할자다
제06장 10판 죽는맘 가지면 애송이요 죽는맘 이기면 성인이라
제06장 11판 죽는맘 이기라 사생결단 결단코 님죽음 물리쳐라
제06장 12판 참부모 세상에 계시도다 기어이 만나서 상봉하라

제7장 우주 아리랑

제07장 01판 죽는맘 가지고 죽는님아 사는맘 가지고 살아나라
제07장 02판 인간맘 죽는맘 죽고죽고 사람맘 사는맘 살고산다
제07장 03판 하늘님 이름이 어디있나 글에나 말에는 님이없다
제07장 04판 하늘엔 오로지 하나마음 다른맘 가지면 죄인된다
제07장 05판 자기만 잡기도 어렵지만 자기만 잡아선 못나도다
제07장 06판 땅추억 가지고 하늘가면 여기나 거기나 뭐다를까
제07장 07판 궁나간 왕자님 돌아와요 하늘궁 부모님 애가탄다
제07장 08판 님살아 생전에 살아나라 인간은 산자가 아니로다
제07장 09판 죽은맘 무덤서 일어나라 정신을 차리고 살아나라
제07장 10판 우물속 숨어서 사는님아 우물밖 나와서 광명돼라
제07장 11판 살방법 가지고 오셨으니 동방서 소울음 들리도다
제07장 12판 날살려 주셔야 생명주요 생명주 내생애 날살린다

제8장 생명 아리랑

제08장 01판 인간은 물속에 살고있고 인간은 불속에 살고있다
제08장 02판 공부만 하다가 죽을텐가 죽었다 살아야 사람된다
제08장 03판 탐심을 가지면 님죽고요 탐심을 버려야 님이산다
제08장 04판 마음을 가져서 발작말고 버려라 버려라 맘버려라
제08장 05판 내삶은 업이요 자범죄요 조상맘 습이요 받은죄다
제08장 06판 매항상 잘하는 사람없고 매항상 못하는 사람없다
제08장 07판 자기맘 있으면 백전백패 자기맘 없으면 백전백승
제08장 08판 죽는맘 가지고 죽지말고 사는맘 가지고 살아나라
제08장 09판 궁금중 있으면 인간이요 궁금중 없으면 사람이라
제08장 10판 시체는 너희나 가지거라 신체만 오너라 하늘나라
제08장 11판 참회할 방법이 어디있나 참회할 방법이 살길이다
제08장 12판 하늘님 내앞에 계시지만 인간맘 있으면 못보도다

제9장 천심 아리랑

제09장 01판 땅천지 곳곳이 함정이요 안죽고 사는게 기적이다
제09장 02판 가짜는 가짜라 말이많다 살지도 못할말 똑같은말
제09장 03판 하늘님 영접을 누가할까 거주처 주는이 하나없다
제09장 04판 참으로 싫도다 인간마음 맘속에 시체가 너무많다
제09장 05판 주방과 화장실 왔다갔다 밥먹고 똥싸고 이게다다
제09장 06판 인간은 보잘것 없지만은 사람은 참으로 창대하다
제09장 07판 생명수 바닷속 있는님아 어째서 그속서 목마르냐
제09장 08판 사는게 진리다 죽지말라 죽으면 하늘님 원수된다
제09장 09판 신들린 몸이다 신체로다 목표만 세워라 성공한다
제09장 10판 말에나 글에는 진리없다 죽었다 살아야 진리된다
제09장 11판 강물은 물따라 바다가고 사람은 산채로 하늘간다
제09장 12판 오신다 하신님 오셨도다 날살려 주셔야 생명주다

제10장 천지 아리랑

제10장 01판 죽는맘 가지고 울지말고 사는맘 가지고 웃고살라
제10장 02판 머릿결 검은님 어둠살고 머릿결 하얀님 광명산다
제10장 03판 귀하고 귀한맘 만들어라 안죽고 사는맘 천하보물
제10장 04판 참생명 나무야 잘자라서 죽음을 이기고 열매돼라
제10장 05판 별것도 아닌일 방방뛴다 맷집이 약해서 큰일이다
제10장 06판 심보를 비우면 가볍지만 심보를 버리면 훨훨난다
제10장 07판 마음을 가지면 꿈을꾸고 마음을 버리면 꿈이없다
제10장 08판 님이웃 덕분에 님이산다 항시로 고맙고 감사하라
제10장 09판 깨우쳐 다알라 님의정체 깨치고 닿으라 도통나라
제10장 10판 하늘님 죽은자 안보신다 하늘님 산자만 보시도다
제10장 11판 생명주 가까이 계시도다 생명주 만나서 살아나라
제10장 12판 내맘속 조상님 전생이요 지금생 지금나 후생이라

제11장 영웅 아리랑

제11장 01판 복중의 참복은 생명이요 생전에 죽음을 이김이라
제11장 02판 인간맘 악이요 패망이요 인간맘 없으면 만만세다
제11장 03판 살아서 가거라 하늘나라 죽으면 못간다 생명나라
제11장 04판 무심한 하늘님 진리로다 자기맘 버리고 무심돼라
제11장 05판 변덕맘 가지고 희비말고 몽땅다 버리고 환골탈태
제11장 06판 내생전 죽은날 못살리면 육육경 팔만경 쓸데없다
제11장 07판 님마음 욕심이 님잡는다 욕심을 버려야 하늘간다
제11장 08판 무심한 사람은 죽음없고 유심한 인간은 죽는도다
제11장 09판 천하의 보물은 사람이요 죽는맘 이기면 보물된다
제11장 10판 종노예 굴신짓 그만하라 사람은 땅하늘 주인이다
제11장 11판 참부모 세상에 계시도다 마침내 벗는다 짐승마음
제11장 12판 하늘님 자체가 생명만국 하늘님 몸입고 계시도다

제12장 승리 아리랑

제12장 01판 정신과 육신이 같이있다 육신에 속아서 죽지말라
제12장 02판 정신을 잃은님 가련하다 정신을 차리고 살아나라
제12장 03판 부귀삶 살다가 죽는인간 천하에 멍청이 불쌍한자
제12장 04판 더위와 추위를 면해놓고 더없는 생명을 죽이느냐
제12장 05판 석탄절 성탄절 본을삼아 이제는 님살아 오시어라
제12장 06판 맛있다 맛없다 투정말고 금과은 쌓여도 겸손하라
제12장 07판 마음을 가지면 못난자요 마음이 없으면 잘난자라
제12장 08판 육체가 신체다 육신이요 마음이 신체다 심신이다
제12장 09판 살아서 구하라 님의생명 죽느냐 사느냐 님의결정
제12장 10판 님안에 다있다 삶과죽음 죽는맘 이기면 산자된다
제12장 11판 방법을 주셔야 생명주다 생명주 방법을 내셨도다
제12장 12판 죽은날 살려야 생명주라 나죽은 이후엔 소용없다

61

제13장 성공 아리랑

제13장 01판 젊은날 이루라 삶의사명 헛된삶 버리고 살아나라
제13장 02판 인간의 목적은 사람이요 사람은 하늘의 완성이다
제13장 03판 생우주 사람의 영원고향 부모님 사시는 하늘나라
제13장 04판 죽은맘 내맘엔 영혼없다 영혼이 없는맘 늘서럽다
제13장 05판 날개를 묶고서 기는님아 날개를 펼쳐서 하늘날라
제13장 06판 전우들 시체가 너무많다 님만은 사선을 넘어가라
제13장 07판 살아서 가거라 하늘나라 기어이 만나라 님의생명
제13장 08판 말들을 그치라 시끄럽다 고독한 마음에 홀로서라
제13장 09판 뱀이다 독사다 인간마음 언제나 다죽고 사람되나
제13장 10판 양의탈 늑대야 님죽는다 짐승맘 떨치고 사람돼라
제13장 11판 님살릴 생명주 오셨도다 생명주 님살려 데려간다
제13장 12판 화려한 복장에 속는님아 하늘님 수수히 오시도다

제14장 완성 아리랑

제14장 01판 갈것도 올것도 없느니라 난자리 선자리 님자리다
제14장 02판 정말로 밉도다 인간마음 정말로 좋도다 사람마음
제14장 03판 자기만 아는자 나쁜자요 나쁜자 자기밖 모르도다
제14장 04판 얼씨구 좋구나 사람들아 절씨구 좋도다 아들들아
제14장 05판 욕심이 있어야 인간나고 인간이 있어야 사람난다
제14장 06판 즐겁게 못살면 나만손해 신나게 못살면 나만바보
제14장 07판 신발을 벗으면 거룩한땅 자기발 씻으면 하늘아들
제14장 08판 인간맘 죽는맘 끌어안고 사람맘 사는맘 버리는가
제14장 09판 하늘님 만나면 죽는단다 내마음 죽으면 만나겠네
제14장 10판 하늘서 땅으로 떨어졌다 제세상 가져서 떨어졌다
제14장 11판 화려한 가짜에 속는님아 진짜는 꾸밀일 전연없다
제14장 12판 하늘서 오셔야 문열린다 땅에선 하늘문 안열린다

제15장 독립 아리랑

제15장 01판 제사의 제물은 자기마음 내제사 내마음 진짜제물
제15장 02판 마음을 가져서 죽을죄인 마음만 없으면 죄가없다
제15장 03판 버리면 보인다 옥토낙원 버리면 들린다 복락노래
제15장 04판 나살아 가는곳 어둠나라 나죽고 가는곳 광명나라
제15장 05판 육신은 마음의 거푸집틀 마음과 육신은 같은모양
제15장 06판 이웃을 지극히 사랑하라 이웃이 살아야 님도산다
제15장 07판 죽어도 남는다 인간마음 썩지도 않는다 소금기둥
제15장 08판 동산아 산들아 어화둥둥 강들아 바다야 지화자자
제15장 09판 인간맘 죽으면 하늘영광 하늘님 표상은 사람이다
제15장 10판 헛살다 죽으면 천하악당 자기를 이긴님 천하영웅
제15장 11판 죽는차 당장에 하차하고 사는차 타고서 살아나라
제15장 12판 진짜는 겉치장 아니한다 진짜는 헛속임 아니한다

제16장 승승 아리랑

제16장 01판 입으로 먹은것 죄안된다 눈과귀 먹은것 선악과다
제16장 02판 인간술 먹어도 죄안된다 마음술 탐심술 죽음독주
제16장 03판 자기맘 가지면 캄캄절벽 자기맘 없으면 무아지경
제16장 04판 인간과 하늘님 논쟁하면 인간은 이기고 죽는도다
제16장 05판 너따로 나따로 다죽고요 너는나 나는너 모두산다
제16장 06판 총과칼 넘치면 난리지옥 농기구 넘치면 지상낙원
제16장 07판 하늘님 만나면 패배하라 사람은 패하고 영생난다
제16장 08판 선악과 있어야 인간나고 인간이 있어야 사람난다
제16장 09판 인간은 생명의 씨앗이요 사람은 웅대한 열매로다
제16장 10판 마음을 가지면 못된자요 마음이 없으면 잘된자라
제16장 11판 내마음 지워야 구세주라 구세주 내마음 지워준다
제16장 12판 큰권세 오셔야 하늘간다 부모님 만나야 길열린다

63

제17장 복락 아리랑

제17장 01판 칼춤의 장단에 나죽어야 부채춤 장단에 하늘난다
제17장 02판 거짓말 거짓말 다거짓말 옛날말 지금말 다거짓말
제17장 03판 맘가진 인간은 영원가짜 맘없는 사람은 영원진짜
제17장 04판 봤던것 독이요 눈독이요 들은것 독이요 말독이다
제17장 05판 보듬고 아끼면 같이살고 싸우고 나뉘면 다죽는다
제17장 06판 판사님 검사님 사심없이 공평과 정의만 생각하라
제17장 07판 겉과속 다르면 죽는자요 몸과맘 하나면 영원산다
제17장 08판 웃다가 울다가 귀신이다 두마음 가지면 살수없다
제17장 09판 사람맘 공든탑 무너지랴 인간맘 공없어 망하도다
제17장 10판 판안에 있으면 다죽는다 판밖에 님생명 살길있다
제17장 11판 생명주 우리를 살리신다 진짜는 생전에 살리신다
제17장 12판 원범죄 자범죄 다가진나 하늘님 만나야 없어진다

제18장 진짜 아리랑

제18장 01판 이승은 내몸안 세상이요 저승은 내몸밖 세상이다
제18장 02판 인간은 짐승옷 입고살고 사람은 짐승옷 벗었도다
제18장 03판 살아온 인생길 삶이죄다 인생삶 없으면 죄도없다
제18장 04판 세월속 있으면 죽어지고 세월밖 있으면 영원산다
제18장 05판 내눈이 가잔다 좋은구경 내입이 가잔다 맛난음식
제18장 06판 인간은 악당중 악당이요 인간중 선량자 하나없다
제18장 07판 욕심맘 따르면 살수없다 욕심맘 버리고 하늘가라
제18장 08판 산넘어 산넘어 산이라도 반드시 길있다 길이있다
제18장 09판 자기를 이기고 탈출하라 생명삶 영원삶 눈앞이다
제18장 10판 더하고 더하면 점점죽고 버리고 버리면 점점산다
제18장 11판 진짜인 증거는 진짜낳고 죽기전 하늘로 옮기신다
제18장 12판 스승님 부모님 하나시다 구하고 살려서 데려간다

제19장 정상 아리랑

제19장 01판 약속을 지키면 인간승리 정신을 살리면 정신승리
제19장 02판 걸음아 걸음아 날살려라 가던길 멈추고 돌아서라
제19장 03판 걸음아 걸음아 날살려라 걷다가 끝난다 뛰어가라
제19장 04판 세상을 인간이 강탈하면 인간도 세상도 다죽는다
제19장 05판 인간이 사람이 아니되면 천만년 억만년 낙이없다
제19장 06판 인간은 지구에 붙어살고 지구는 공중에 동동떴다
제19장 07판 자기맘 가지면 까막개라 토한것 또먹고 또먹는다
제19장 08판 인간이 사람이 아니되면 세상에 좋은일 일체없다
제19장 09판 인간은 인간딸 땅의인간 사람은 참아들 하늘아들
제19장 10판 자기맘 없으면 영원나고 다른몸 받아서 하늘난다
제19장 11판 아버지 어머니 기다린다 기어이 살아서 돌아와라
제19장 12판 생명주 내앞에 계시도다 청결한 맘으로 영접하라

제20장 상봉 아리랑

제20장 01판 내생명 방해꾼 바로나요 자기가 자기를 막는도다
제20장 02판 인간은 하늘에 담을쌓고 인간은 하늘에 등돌렸다
제20장 03판 하늘님 나라엔 지옥없다 인간이 가진맘 자기지옥
제20장 04판 물속에 있는님 산에들고 불속에 있는님 탈출하라
제20장 05판 하늘님 배신자 오직인간 하늘님 반역자 오직인간
제20장 06판 이웃을 통곡케 하는자는 영원히 통곡에 들어간다
제20장 07판 인간은 하늘님 안에있다 하늘님 안에서 단절했다
제20장 08판 인간은 귀신을 따라간다 그래서 살길이 영영없다
제20장 09판 높은자 낮은자 하늘없다 있는자 없는자 하늘없다
제20장 10판 귀신에 몸주면 망령되고 참신에 몸주면 생령된다
제20장 11판 부모님 물중이 바로나요 만물이 바란다 하늘아들
제20장 12판 생전에 참부모 상봉하라 부모님 없으면 어찌나나

제21장 청명 아리랑

제21장 01판 부모님 비밀이 바로나요 비밀이 풀리면 화평평화
제21장 02판 바다의 보물섬 바로나요 부모님 영광별 바로나다
제21장 03판 다죽는 이야기 하는님들 다죽는 이야기 듣는님들
제21장 04판 나죽게 두는것 바로나요 나살게 하는것 바로나다
제21장 05판 기뻐도 슬프다 죽는님들 마음이 없어야 안락든다
제21장 06판 눈멀고 귀막은 어둠이여 네무덤 그안에 잡혔구나
제21장 07판 인간은 어둠속 흑암살고 사람은 밝음속 광명산다
제21장 08판 육신을 위해선 기도하고 정신을 위해선 참회하라
제21장 09판 하늘님 나라를 훔친인간 나라를 도적이 망치도다
제21장 10판 님가진 님지혜 님꾀로다 님꾀가 님무덤 끌고간다
제21장 11판 죽는자 인간은 인간낳고 사는자 사람은 사람난다
제21장 12판 하늘길 열렸다 달려가라 나살고 너살고 모두산다

제22장 해방 아리랑

제22장 01판 날개를 가진자 묶였구나 언제나 펼치고 훨훨날까
제22장 02판 하늘님 단체로 못만난다 용감한 맘으로 혼자돼라
제22장 03판 하늘님 나라에 사는님아 하늘님 나라에 반역말라
제22장 04판 땅위에 넋놓고 사는님아 참마음 찾아서 길떠나라
제22장 05판 죽을나 살았다 정의구현 정의란 오직나 사는거다
제22장 06판 국경선 지우고 하나돼라 전쟁을 멈추고 화목하라
제22장 07판 넋들아 얼들아 정신들아 님근본 하늘님 영신이다
제22장 08판 마음만 버리면 대자유요 마음만 버리면 대평화다
제22장 09판 경전의 목적은 오직하나 죽은나 생전에 살림이라
제22장 10판 죽는맘 박차고 일어나라 생전에 가거라 생명나라
제22장 11판 방법이 없어서 다죽었다 방법이 오시면 모두산다
제22장 12판 탯줄을 끊어야 살아나고 생명줄 잡아야 거듭난다

제23장 승천 아리랑

제23장 01판 웃었다 울었다 인간마음 사람의 마음은 요동없다
제23장 02판 자기맘 가지면 댕기머리 자기맘 없으면 상투머리
제23장 03판 죽은자 죽으면 무덤가고 살아서 죽은님 무덤없다
제23장 04판 생전에 사신님 참된자요 생전에 못살면 비참자라
제23장 05판 살았다 살았다 살아났다 잘했다 잘했다 참잘했다
제23장 06판 돈으로 못간다 하늘나라 벼슬로 못간다 생명나라
제23장 07판 생명주 목적은 살림이요 이적과 기적이 아니도다
제23장 08판 인간의 모든말 거짓이요 사람의 모든말 참말이다
제23장 09판 말과행 다르면 귀신이요 말과행 같으면 참신이다
제23장 10판 내마음 죽으면 진짜나요 죽은맘 벗으면 사람된다
제23장 11판 찾아서 만나라 하늘부모 부모님 없으면 어찌나랴
제23장 12판 부모님 만나야 본향가고 본향집 거기서 거듭난다

제24장 만세 아리랑

제24장 01판 사는건 맘이요 몸아니요 육신은 영신의 모양이다
제24장 02판 인간맘 진멸할 남녀노소 사람맘 젖과꿀 흐르는땅
제24장 03판 자기몸 나오면 출가한님 세상에 나오면 출세한님
제24장 04판 내마음 탈탈탈 털어내고 하늘맘 꽉차면 본향간다
제24장 05판 굶겨서 죽이라 자기마음 내마음 없어야 진짜아들
제24장 06판 지금껏 속고만 살았구나 서로가 속이고 속았구나
제24장 07판 맘있는 인간은 못난자식 맘없는 사람은 잘난아들
제24장 08판 지금생 죽는나 이판사판 지금생 사는나 이판생판
제24장 09판 인간맘 악순환 죽고죽고 사람맘 선순환 살고산다
제24장 10판 인간삶 꿈중의 꿈속이다 몸없음 꿈속서 못나온다
제24장 11판 님훔친 생명은 하늘영혼 자기것 아닌데 팔아먹나
제24장 12판 장관님 의원님 돈값하라 집주고 밥주고 편케하라

제25장 창탄 아리랑

제25장 01판 인간맘 죽는삶 사적생활 사람맘 사는삶 공적생활
제25장 02판 하늘뜻 죽는맘 버리는것 하늘일 죽는맘 없애는것
제25장 03판 존귀의 가림막 인간마음 인간의 근본맘 천하존귀
제25장 04판 자기맘 가지면 악의화신 자기맘 없으면 선의화신
제25장 05판 죽는맘 가지면 악인이요 사는맘 가지면 선인이라
제25장 06판 사느냐 죽느냐 마음문제 마음만 없으면 죽음없다
제25장 07판 선악과 먹어야 문명나고 문명이 나와야 사람산다
제25장 08판 살리고 살려서 보물돼라 구하고 구하라 천하보물
제25장 09판 별하나 나하나 생이로다 생전에 사는님 생생한별
제25장 10판 공중에 망령들 가득하다 자기맘 살리면 망령난다
제25장 11판 똑같은 일들을 반복하면 똑같은 결과물 얻는도다
제25장 12판 행함이 없으면 열매없다 행하여 얻는것 생명열매

제26장 진리 아리랑

제26장 01판 왕자님 겉옷을 입혔더니 왕궁을 까맣게 잊었구나
제26장 02판 간단히 살아라 인생살이 잠깐만 있다가 하늘가라
제26장 03판 살아서 가거라 생명나라 살아서 가야만 무사귀환
제26장 04판 영생삶 위하여 사람났다 생전에 님죽음 해결하라
제26장 05판 먹을것 입을것 누가주나 거주집 온갖것 누가주나
제26장 06판 내맘속 귀신이 날잡는다 내귀신 멸해야 님이산다
제26장 07판 날개를 누르고 앉은님아 네맘이 무거워 못날구나
제26장 08판 내보물 내안에 들어있고 잠긴문 열쇠는 바로나다
제26장 09판 몸가진 인간은 갑이고요 몸없는 하늘님 을이로다
제26장 10판 쳐다만 보는님 성공없고 듣기만 듣는님 열매없다
제26장 11판 집었다 던졌다 하지말라 과일상 속마음 검게탄다
제26장 12판 술먹고 자동차 운전하면 평생을 가두고 방면말라

제27장 자유 아리랑

제27장 01판 말마귀 설마귀 횡설수설 설마가 사람을 잡는구나
제27장 02판 내마음 가지면 정한신부 내마음 가지면 간음신부
제27장 03판 쉽게도 속는다 잘속는다 불쌍타 가엾다 바보구나
제27장 04판 하늘님 인간이 무섭도다 인간이 무서워 못오신다
제27장 05판 자기맘 가진님 죽을고생 자기맘 없는님 평생평화
제27장 06판 자기가 만든맘 자기무덤 알터져 죽는다 맘잡아라
제27장 07판 인간맘 버려야 명철난다 잘난맘 못난남 다버려라
제27장 08판 자기맘 가지면 갈곳없다 자기맘 드리고 살아나라
제27장 09판 자기맘 가지면 소경이다 소경을 따르면 다죽는다
제27장 10판 인간은 앵무새 종달이요 사람은 하늘새 봉황이다
제27장 11판 날아서 갈건가 하늘나라 날개가 없는데 어찌가나
제27장 12판 마음을 가진님 논밭피요 마음을 버린님 실곡이다

제28장 광복 아리랑

제28장 01판 마음이 종된님 하늘보고 마음이 왕된님 하늘된다
제28장 02판 인간은 자기가 자기영광 온영광 자기가 받는도다
제28장 03판 열길속 물길은 그냥열길 한길속 인간맘 천길만길
제28장 04판 자기만 아는님 나쁜자요 자기밖 모르는 맹꽁이라
제28장 05판 자기맘 가지면 고집불통 소귀에 경읽기 하늘불통
제28장 06판 사기꾼 뱀이다 조심하라 물리면 죽는다 경계하라
제28장 07판 거창한 음악에 동요말고 장엄한 하늘에 칭칭나라
제28장 08판 흉하고 악하다 인간마음 생명이 없는몸 허수아비
제28장 09판 자기맘 가지면 정신없다 정신줄 놓치면 죽는거다
제28장 10판 귀신에 끌린다 인간마음 죽는줄 모르고 가는구나
제28장 11판 세상에 진리가 계시도다 기어이 만나서 진리돼라
제28장 12판 진짜를 만나면 진짜된다 진짜가 안되면 다가짜다

제29장 사랑 아리랑

제29장 01판 물처럼 살아야 자유하다 거슬림 버리고 흘러가라
제29장 02판 사랑은 오직나 버리는것 사랑에 나없다 나는없다
제29장 03판 인간들 심판은 인간끼리 인간을 만날일 결코없다
제29장 04판 줄줄이 죽는다 인생살이 알알이 열린다 생명열매
제29장 05판 인간은 하늘님 그림자요 사람은 하늘님 실물이다
제29장 06판 두껍아 두껍아 헌집줄게 두껍아 두껍아 새집다오
제29장 07판 실없어 웃는다 슬픈웃음 더없이 서럽다 죽는인생
제29장 08판 죽는님 서럽고 서럽도다 자기를 이기고 대웅돼라
제29장 09판 욕심을 살려서 죽지말고 욕심을 죽이고 님살려라
제29장 10판 믿어라 믿는다 하지말고 믿는자 믿음과 하나돼라
제29장 11판 나살게 해주면 참경이요 맘죽여 주시면 생명주다
제29장 12판 하늘님 세글자 저장말고 자기맘 비우고 영접하라

제30장 불멸 아리랑

제30장 01판 날위한 마음만 다버리면 평생에 싸울일 일체없다
제30장 02판 생전에 진리로 다시나라 죽음을 이긴님 진리로다
제30장 03판 어디서 잘난척 거만인가 자기맘 가지면 땅거지다
제30장 04판 마음뺄 방법이 어디있나 마음뺄 방법이 날살린다
제30장 05판 자궁서 나온나 다버리고 참부모 만나서 다시나라
제30장 06판 문제는 답이다 해결된다 투철한 맘으로 돌격하라
제30장 07판 탐심을 만만히 보지말라 그누가 탐심을 이겼던가
제30장 08판 죽을자 살았다 경천동지 놀랄일 하나다 사람났다
제30장 09판 시체가 북망산 쌓였도다 사선을 넘어서 살아나라
제30장 10판 악밖에 남은게 없다말고 그악을 버리고 살아나라
제30장 11판 부모님 터준다 생명살길 님할일 님해야 님이산다
제30장 12판 이웃의 금전을 강탈한자 가두고 열배로 갚게하라

제31장 진심 아리랑

제31장 01판 내님과 떨어져 사랑말고 내님과 하나로 뭉쳐져라
제31장 02판 영원히 사는꽃 무궁화꽃 영원히 사는새 봉황이라
제31장 03판 말은곧 칼이다 죽고산다 절대로 삼가고 조심하라
제31장 04판 죽는맘 가지면 노란싹수 죽는맘 버려야 생명씨앗
제31장 05판 자기맘 가진님 꼭두각시 자기맘 가진님 허수아비
제31장 06판 하늘몸 강탈한 아바타야 잠깐도 진짜가 아니도다
제31장 07판 하늘님 어디나 계시지만 인간맘 그속엔 님이없다
제31장 08판 정든님 오시길 기원말고 정든님 찾아서 상봉하라
제31장 09판 단한번 생이다 다시없다 결단코 금생에 살아나라
제31장 10판 자기맘 가지면 애송이요 자기맘 가지면 철부지다
제31장 11판 노예맘 버리고 자주하고 죽는맘 버리고 자립하라
제31장 12판 님생겨 달라고 빌지말고 속사람 님으로 드러내라

제32장 보물 아리랑

제32장 01판 무심한 육신은 천천세요 무심한 마음은 만만세라
제32장 02판 별보기 어렵다 별이없다 생전에 산자는 별이로다
제32장 03판 추억을 가지면 죽는도다 추억을 버리고 훨훨날라
제32장 04판 인간맘 우습게 알지말라 수십억 조상이 들었도다
제32장 05판 죽는맘 이기고 살아나라 자기맘 없으면 영생불멸
제32장 06판 덧셈에 덧셈은 영영죽고 뺄셈에 뺄셈은 영영산다
제32장 07판 생전에 살아서 참복돼라 자기를 이긴님 참복이다
제32장 08판 오로지 기적은 이것이니 죽은나 사는게 기적이다
제32장 09판 죽는맘 이기면 불사조다 살아서 살아야 하늘간다
제32장 10판 살희망 없도다 인간마음 쨍하고 해뜰날 만들어라
제32장 11판 인간의 근본은 얼인이다 얼이다 신이다 얼신이다
제32장 12판 가득히 채우라 생명마음 풍성히 가지라 우주마음

제33장 고향 아리랑

제33장 01판 님영혼 안녕히 계시는가 안식에 드신님 안녕이다
제33장 02판 인간삶 모든일 사사롭고 사람삶 모든일 공공이다
제33장 03판 어중이 떠중이 인간이요 구렁이 백여우 인간이라
제33장 04판 죽음을 이기고 생환하라 헛된삶 버리고 참에들라
제33장 05판 인간은 빛잃고 영영어둠 사람은 대광명 영영자유
제33장 06판 슬프고 서럽다 인간마음 기쁘고 즐겁다 사람마음
제33장 07판 가짜는 결국엔 죽을자요 진짜는 결단코 죽음없다
제33장 08판 마음을 가지면 천하맹꽁 마음을 버리면 일체통찰
제33장 09판 몸따로 맘따로 둘아니요 이세상 저세상 따로없다
제33장 10판 나살길 기어이 찾아내라 참부모 만나서 만세돼라
제33장 11판 인간은 제각각 망령나고 사람은 제각각 생령난다
제33장 12판 마음을 가지면 슬픔되고 마음을 버리면 기쁨된다

제34장 기쁨 아리랑

제34장 01판 죽는자 못간다 하늘나라 사는자 생전에 가고본다
제34장 02판 진리가 되어라 살아생전 자기만 이기면 진리로다
제34장 03판 인간은 죽도록 기원하고 사람은 생명책 등재한다
제34장 04판 하늘에 공짜로 갈수없다 김칫국 마실일 전연없다
제34장 05판 마음을 가지면 귀신이요 마음이 없으면 참신이다
제34장 06판 마음을 가지면 평생노예 마음을 버리면 왕이로다
제34장 07판 생전에 살아야 잘한자요 생전에 못살면 잘못한자
제34장 08판 사랑은 상대가 우선이요 매항상 상대가 상전이다
제34장 09판 어디로 갈생각 하지말고 만들어 가지라 님의나라
제34장 10판 인간맘 도끼에 죽지말고 우주맘 영혼과 하나돼라
제34장 11판 하늘님 내앞에 서계셔도 자기맘 가지면 못보도다
제34장 12판 사랑엔 나없다 나는없다 사랑엔 나없다 나는없다

제35장 염광 아리랑

제35장 01판 잘났다 못났다 다거짓말 즐겁다 슬프다 없는마음
제35장 02판 산과들 있어야 사람살고 강바다 있어야 우리산다
제35장 03판 내마음 가지면 나의세상 내가족 내나라 모두내것
제35장 04판 나하나 있어서 만국고통 나하나 없으면 만국평화
제35장 05판 마음을 가지면 모두가짜 마음을 버리면 모두진짜
제35장 06판 가짜는 있다가 없어지고 진짜는 영원히 변함없다
제35장 07판 맘가진 인간은 어둠의딸 맘없는 사람은 광명아들
제35장 08판 버티고 버티면 망령되고 버리고 버리면 생령된다
제35장 09판 일체가 우주서 나오도다 우주가 생명의 근원이다
제35장 10판 인생은 헛되고 다헛되다 헛된삶 이기고 참에들라
제35장 11판 유심한 인간은 죽어지고 무심한 사람은 영영난다
제35장 12판 사랑은 참으로 온유하다 결단코 성내지 아니한다

제36장 물불 아리랑

제36장 01판 씻어선 안된다 뒤집어라 뒤집어 안된다 새것써라
제36장 02판 책임을 다하여 생존하라 안죽고 사는게 책임이다
제36장 03판 이런말 저런말 필요없다 내생명 죽으면 모두헛짓
제36장 04판 날마다 죽으라 나는없다 쉼없이 죽으라 나는없다
제36장 05판 살아라 살아라 살아나라 결단코 생전에 살아나라
제36장 06판 인간은 허상에 속아살고 인간은 꿈속에 살고있다
제36장 07판 맘가진 인간은 무덤가고 맘없는 사람은 승천한다
제36장 08판 인간은 참으로 기이하다 인간은 신들린 귀신이다
제36장 09판 버려라 버려라 원수마음 빈마음 참마음 훨훨난다
제36장 10판 성인님 오신날 본을받아 님또한 생전에 탄신하라
제36장 11판 살아서 왔구나 생명아들 잘했다 잘했다 잔치하자
제36장 12판 사랑은 일체를 수용한다 분별심 내맘에 일체없다

제37장 영신 아리랑

제37장 01판 잠속에 있는님 잠을깨라 인간맘 버려야 생시된다
제37장 02판 세상에 별일은 딱하나요 나살아 나는게 별일이다
제37장 03판 자기를 살리는 살림살이 하늘님 뜻이요 일이로다
제37장 04판 기쁘고 기쁘고 기쁘도다 내무덤 박차고 나왔도다
제37장 05판 만물은 우주맘 그속산다 인간은 우주맘 있지않다
제37장 06판 죽는맘 가지면 어둠주인 사는맘 가지면 광명주인
제37장 07판 인간맘 가지고 결혼말고 인간맘 버리고 결혼하라
제37장 08판 생전에 산님은 당당하다 자기를 죽이면 통곡한다
제37장 09판 나없다 나없다 나는없다 여기나 저기나 나는없다
제37장 10판 감사한 마음을 갖지말고 몸전체 감사몸 만들어라
제37장 11판 살생각 가지고 살아나라 살아서 살아나 만복돼라
제37장 12판 사랑의 마음엔 교만없다 교만함 있으면 사랑없다

제38장 신명 아리랑

제38장 01판 자기맘 버려야 님만나고 님만난 사람만 다시난다
제38장 02판 버리고 버리면 생명부활 버티고 버티면 망신된다
제38장 03판 실없는 헛소리 실이없고 공없는 말풍선 공이없다
제38장 04판 잠깐의 영화도 지나가고 잠깐의 절망도 지나간다
제38장 05판 큰일은 내생애 오직하나 죽은나 사는게 큰일이다
제38장 06판 나하나 얻고자 천체있고 나하나 살리려 지구있다
제38장 07판 혼신은 그대로 하늘남고 백신은 흩어져 없어진다
제38장 08판 꿈일까 생실까 꿈이라네 인간은 생시에 산적없다
제38장 09판 맘좇아 죽으면 나쁜사람 생명에 착해야 착한사람
제38장 10판 실패는 성공의 다른이름 장애물 그뒤에 성공있다
제38장 11판 마음이 없어야 공명정대 마음이 없어야 장수만세
제38장 12판 사랑은 성내지 아니한다 성내는 마음엔 사랑없다

제39장 천상 아리랑

제39장 01판 살아도 사는게 아니구나 죽어라 죽어라 하는구나
제39장 02판 차라리 죽는게 더좋겠다 죽어야 사는걸 알았구나
제39장 03판 자기맘 가지면 공공의적 무심한 사람이 공공이다
제39장 04판 하늘에 죄지면 갈곳없다 님가진 인간맘 하늘죄다
제39장 05판 님생명 님책임 각자도생 자기맘 죽어야 하늘간다
제39장 06판 제대로 죽어야 혁명이요 몽땅다 죽어야 쇄신된다
제39장 07판 수억년 인간맘 난감하다 생명주 만나야 길열린다
제39장 08판 몸죽어 가는곳 무덤나라 맘죽어 가는곳 생명나라
제39장 09판 맘속서 님타령 하지말고 본맘과 맘합쳐 하나돼라
제39장 10판 생전에 님나라 만들었나 생전에 님나라 확인했나
제39장 11판 사랑엔 무례함 일체없다 무례한 마음엔 사랑없다
제39장 12판 허허참 허허참 허허참참 마침내 오셨다 생명참주

제40장 만복 아리랑

제40장 01판 하늘국 하늘님 따로없다 하늘국 하늘님 한몸이다
제40장 02판 살마음 없는님 두문불출 제맘속 나오면 출세한님
제40장 03판 생전에 사신님 입신이요 생전에 사신님 양명이다
제40장 04판 맘놓고 가거라 하늘나라 자기맘 없어야 청렴결백
제40장 05판 동식물 드리면 형식제사 내마음 드리면 생명제사
제40장 06판 마음을 가지면 살수없고 마음을 버리면 죽음없다
제40장 07판 생전에 죽었다 살아나면 먼저간 조상님 살아난다
제40장 08판 내잔치 너잔치 잠시접고 생전에 살길을 도모하라
제40장 09판 살고자 하는자 망신나고 죽고자 하는자 생신난다
제40장 10판 죽는맘 사는맘 붙어있다 죽는맘 생전에 청산하라
제40장 11판 내생에 구세주 상봉하라 날살려 주셔야 구세주다
제40장 12판 백억년 더넘어 내가왔다 결단코 망신을 당치말라

제41장 정신 아리랑

제41장 01판 나없다 나없다 나는없다 나없다 나없다 나는없다
제41장 02판 아버지 어머니 미안해요 제할일 못해서 죄송해요
제41장 03판 구하라 찾으라 두드리라 생전에 기어이 님만나라
제41장 04판 설마가 사람을 잡는구나 말하는 말마귀 설마로다
제41장 05판 버려라 버려라 맘버려라 버려라 버려라 다버려라
제41장 06판 추억을 가진님 꿈을꾸고 추억이 없는님 꿈이없다
제41장 07판 인간맘 쌓이면 바벨이요 바벨탑 인간맘 높고높다
제41장 08판 눈으로 본것들 눈독되고 본것들 쌓여서 죄가된다
제41장 09판 님없다 님없다 님은없다 인간맘 그속엔 님은없다
제41장 10판 사람몸 생애는 천년이요 사람몸 벗으면 왕년이다
제41장 11판 이슬비 꽃처럼 지지말고 무궁화 꽃으로 피어나라
제41장 12판 말끝난 다음엔 뭐가남나 말구경 하다가 다죽는다

제42장 광명 아리랑

제42장 01판 인간은 못간다 하늘나라 사람만 가도다 무심나라
제42장 02판 공부로 연구로 갈수없다 오로지 자기와 전쟁하라
제42장 03판 아버지 누군지 모르고요 어머니 누군지 모르도다
제42장 04판 자기만 이기면 가는나라 끝없이 영원히 좋은나라
제42장 05판 본것들 쌓이면 상이되고 상들이 쌓이면 죄가된다
제42장 06판 내눈이 가잔다 구경관광 내입이 가잔다 먹는여행
제42장 07판 탐심을 쫓으면 살수없다 탐심을 버리고 살길가라
제42장 08판 설명은 더이상 필요없다 이경전 저경전 다덮어라
제42장 09판 인간은 완성자 아니도다 마음이 없어야 완성이다
제42장 10판 안과밖 통해야 알깨진다 혼자선 결단코 못나온다
제42장 11판 하늘님 사람을 내셨도다 사람은 하늘님 자체시다
제42장 12판 하늘님 영광은 사람이요 인간은 영광이 될수없다

제43장 하나 아리랑

제43장 01판 바람과 구름은 자유하고 사람은 살아서 고향간다
제43장 02판 님하나 있어서 세상이요 님죽음 이후엔 세상없다
제43장 03판 인간은 세월속 갇혀살고 사람은 세월을 넘었도다
제43장 04판 기도만 하다가 죽지말고 기도의 대상과 합쳐져라
제43장 05판 거짓말 거짓말 다거짓말 인간이 하는말 다거짓말
제43장 06판 생전에 요단강 건너가라 생전에 북망산 넘어가라
제43장 07판 산에는 산새들 노래하고 물에는 물고기 자유롭다
제43장 08판 탐심을 자기신 삼은님아 하늘님 탐심속 어찌사나
제43장 09판 인간은 거룩한 몸가졌다 신발을 벗어야 거룩한땅
제43장 10판 님속에 님찾는 님계시다 오직나 자기와 전쟁하라
제43장 11판 인간에 속아서 굴신말고 사람이 되어서 훨훨날라
제43장 12판 하늘님 인간을 냅바없다 하늘님 사람을 내셨도다

제44장 평화 아리랑

제44장 01판 자기맘 가지고 사는님아 하늘님 등장을 방해말라
제44장 02판 죽고자 하는자 살것이요 살고자 하는자 죽으리라
제44장 03판 믿는다 하면서 말만하고 믿는다 하면서 맘안죽네
제44장 04판 한없이 곱도다 무심한님 더없이 이쁘다 나없는님
제44장 05판 님위한 몸에서 사는인간 방빼라 방빼라 방을빼라
제44장 06판 인간은 사람의 씨앗이요 사람은 하늘님 실물이다
제44장 07판 인간맘 무섭고 무섭도다 악한맘 착한맘 다무섭다
제44장 08판 마음을 버려야 사람되고 사람이 되어야 하늘간다
제44장 09판 인간은 진실에 관심없다 제귀에 좋으면 그만이다
제44장 10판 귀신에 홀려서 울지말고 참신과 하나돼 웃고살라
제44장 11판 귀신과 뭉치면 죽는자요 참신과 뭉치면 사는자라
제44장 12판 가진입 하난데 혀는두개 화냈다 웃었다 광대로다

제45장 홀로 아리랑

제45장 01판 악함을 선하다 하지말며 어둠을 광명타 하지말라
제45장 02판 화려한 공작새 부러마라 잠깐만 보였다 사라진다
제45장 03판 인간은 언제나 사람되나 자기맘 없어야 사람이다
제45장 04판 옛이름 버리고 거듭나라 새이름 받아야 다시난다
제45장 05판 제죽음 이겨야 사람이요 사람삶 살아야 그윽하다
제45장 06판 인간은 하나도 재미없다 사람을 살아야 신명난다
제45장 07판 인생은 잠깐의 들국화요 인간삶 헛되고 헛되도다
제45장 08판 자기맘 가지면 꼴생기고 꼴들이 쌓이면 꼴값한다
제45장 09판 님안에 살면서 님을찾고 신안에 살면서 신을찾네
제45장 10판 생명주 세상에 오셨도다 가급적 젊은날 상봉하라
제45장 11판 생명수 앞에서 갈증말고 생명수 바다에 푹빠져라
제45장 12판 헛된삶 살다가 죽지말고 떨치고 일어나 님만나라

제46장 진실 아리랑

제46장 01판 말구경 하다가 다죽는다 듣기만 하는님 열매없다
제46장 02판 자기맘 없어야 정본청원 자기맘 없어야 파사현정
제46장 03판 자기맘 가지면 신성모독 인간맘 하늘님 덮었도다
제46장 04판 대웅님 지극한 눈을보라 눈독이 무서워 안보도다
제46장 05판 하늘님 안식에 드셨도다 안식때 그누가 일을하나
제46장 06판 억만겁 마음속 사는님아 이속서 어떻게 나올텐가
제46장 07판 흙탕물 속에서 연꽃났다 인간을 이기고 사람돼라
제46장 08판 왕들이 줄줄이 죽는구나 궁으로 못가고 객사구나
제46장 09판 일체의 소원을 다버려라 일체의 바람도 다버려라
제46장 10판 하늘님 죽은자 난바없다 하늘님 죽은자 날수없다
제46장 11판 한발짝 걸음에 물속나고 두발짝 걸음에 몸받았다
제46장 12판 날살릴 생명주 오셨도다 날위해 하늘서 오셨도다

제47장 지혜 아리랑

제47장 01판 철따라 꽃피고 열매난다 인간은 언제나 철에들까
제47장 02판 큰행사 그뒤에 뭐가남나 헛모임 하다가 백발된다
제47장 03판 하늘님 위하여 사람낳고 사람을 위하여 인간낳다
제47장 04판 마음이 없어야 명명백백 마음이 없어야 정정당당
제47장 05판 공중서 큰권세 잡은인간 몸가진 인간이 왕이로다
제47장 06판 섬긴다 하면서 절만하고 섬긴다 하면서 죽진않네
제47장 07판 인간은 땅에서 인간끼리 사람은 하늘서 사람끼리
제47장 08판 귀신은 땅에서 귀신끼리 참신은 하늘서 참신끼리
제47장 09판 만일에 인간이 하늘가면 하늘은 삽시간 망쳐진다
제47장 10판 말풍선 꽉찼다 곧터진다 행함이 없으면 살수없다
제47장 11판 인간은 당연히 신아니요 사람은 완성된 신이로다
제47장 12판 인간은 땅에서 어둠살고 사람은 하늘서 광명산다

제48장 천지 아리랑

제48장 01판 님속에 님찾는 님이있다 눈감고 님속서 님찾으라
제48장 02판 죽는자 가짜는 가짜낳고 사는자 진짜는 진짜난다
제48장 03판 하늘님 할일을 마치시고 하늘님 평안히 쉬시도다
제48장 04판 인간맘 가지고 하늘가면 땅에서 하던짓 다시한다
제48장 05판 님타령 신타령 하지말고 생전에 님으로 세상나라
제48장 06판 님찾아 만나야 사람되고 님찾아 만나야 영영산다
제48장 07판 죽음을 넘어야 보배로다 죽음을 넘어야 영웅이다
제48장 08판 산자가 되어야 높은자요 산자가 되어야 반석이다
제48장 09판 단단한 마음은 쇄빙하고 부서진 마음은 다녹이라
제48장 10판 믿음은 나없는 마음이요 사랑도 나없는 마음이다
제48장 11판 생명을 잃으면 통곡한다 기필코 금생에 산자돼라
제48장 12판 모래성 쌓다가 죽지말고 영원한 반석에 우뚝서라

제49장 공심 아리랑

제49장 01판 인간과 사람은 비교불가 죽는자 사는자 천지차이
제49장 02판 첫번째 몸받은 인간들아 두번째 몸받아 다시나라
제49장 03판 자기맘 가지면 왕래불가 가지도 오지도 못하도다
제49장 04판 죽었다 살아야 죽음없다 죽었다 살아라 사생결단
제49장 05판 인간이 가진맘 사심이요 사람의 무심맘 진심이다
제49장 06판 내님은 도대체 어디있나 내님은 언제나 내안있다
제49장 07판 자기맘 가지면 대역죄인 자기맘 가지면 천하악당
제49장 08판 생전에 님무덤 탈출하라 봤던것 들던것 무덤이다
제49장 09판 극락이 어디에 따로없고 천국이 어디에 따로없다
제49장 10판 자기님 자기가 눌러놓고 님찾아 천지를 헤매도다
제49장 11판 있다가 없는건 없는거다 진실한 사랑은 이별없다
제49장 12판 하늘님 형상은 멸이없다 죽거나 살거나 영영하다

제50장 진군 아리랑

제50장 01판 자기맘 자기가 만들었다 자기가 버려야 결자해지
제50장 02판 진리는 죽음을 이긴사람 죽음을 이겨야 오직진리
제50장 03판 약속을 했으면 꼭지켜라 어떠한 변명도 대지말라
제50장 04판 추억을 버려야 불생되고 추억을 버려야 불멸된다
제50장 05판 마음이 없어야 여여하고 마음이 없어야 평화롭다
제50장 06판 마음을 가진님 소인이요 마음을 버린님 대인이다
제50장 07판 사람맘 살아야 신출이요 인간맘 죽어야 귀몰이다
제50장 08판 자기를 이겨서 환골하고 자기의 무덤서 탈태하라
제50장 09판 자기맘 철저히 분골하고 자기맘 맹렬히 쇄신하라
제50장 10판 자기와 전쟁을 시작하라 결단코 생명을 포기마라
제50장 11판 죽음을 이긴님 금지옥엽 부모앞 죽는님 영원원수
제50장 12판 하늘님 인간을 낸바없다 하늘은 사람을 내셨도다

제1장 환국 아리랑

♪환국 아리랑 제01장 01판♪

아들아~ 아들아~ 아들들아~
생전에~ 살아서~ 돌아와라~
살~아~ 생전에 안 가는 님~은~
불효가~ 막심한~ 자식이다~

♪환국 아리랑 제01장 02판♪

정이랑~ 신이랑~ 정신이요~
정이랑~ 신이랑~ 하나로다~
정~신~ 살리질 못하는 님~은~
귀신삶~ 살다가~ 귀신난다~

♪환국 아리랑 제01장 03판♪

아버지~ 어머니~ 생명이요~
부모님~ 아들들~ 기다린다~
효~를~ 죽도록 안 하는 님~은~
잠깐만~ 있다가~ 고아난다~

♪환국 아리랑 제01장 04판♪

하늘님~ 선인만~ 내시도다~
하늘님~ 악인은~ 낼수없다~
죄~된~ 마음에 매이지 말~고~
생전에~ 죄맘서~ 벗어나라~

♪환국 아리랑 제01장 05판♪

지금생~ 나지금~ 사람이면~
전생에~ 최고선~ 살았었다~
전~생~ 후생을 따지지 말~고~
지금생~ 영영한~ 복락돼라~

♪환국 아리랑 제01장 06판♪

큰날개~ 가진자~ 바로나요~
날개를~ 펼치고~ 훨훨날라~
자~기~ 정신을 버리신 님~은~
참평안~ 나라를~ 버렸도다~

♪환국 아리랑 제01장 07판♪

인간은~ 슬프고~ 서럽고요~
사람은~ 만평생~ 기쁘도다~
낙~을~ 만들지 못하는 님~은~
사는날~ 내내가~ 고생이다~

♪환국 아리랑 제01장 08판♪

하늘아~ 하늘아~ 하늘들아~
인간을~ 이기고~ 사람돼라~
참~을~ 버리고 욕심질 하~면~
님인생~ 헛수고~ 삶이없다~

♪환국 아리랑 제01장 09판♪

곱구나~ 밉구나~ 덧없고요~
잘났네~ 못났네~ 부질없다~
참~이~ 아니면 비참한 자~라~
두번째~ 화살을~ 맞지말라~

♪환국 아리랑 제01장 10판♪

인간중~ 잘난자~ 하나없다~
맘없는~ 사람만~ 잘난자다~
진~정~ 제 맘을 다 버린 님~은~
사는날~ 내내가~ 낙낙하다~

♪환국 아리랑 제01장 11판♪

죽음을~ 넘어서~ 살아나라~
생전에~ 살아서~ 하늘가라~
나~를~ 이기고 당당한 님~은~
결단코~ 생명에~ 영원난다~

♪환국 아리랑 제01장 12판♪

정한수~ 떠놓고~ 빌지말고~
정한수~ 속으로~ 들어가라~
생~명~ 생수로 태어난 님~아~
생명수~ 바다에~ 빠져살라~

제2장 봉황 아리랑

♪봉황 아리랑 제02장 01판♪

알이랑~ 얼이랑~ 알알이요~
알이랑~ 슬이랑~ 알알이다~
정~신~ 찾아서 다 죽은 님~은~
생전에~ 살아서~ 하늘간다~

♪봉황 아리랑 제02장 02판♪

있구나~ 없구나~ 참견말고~
많구나~ 적구나~ 타박말라~
탐~을~ 이기지 못하는 님~은~
풍성함~ 속에서~ 목이탄다~

♪봉황 아리랑 제02장 03판♪

마음을~ 가지면~ 캄캄절벽~
마음을~ 버리면~ 화평자유~
천~을~ 영접치 못하는 님~은~
길잃고~ 헤매는~ 소경이다~

♪봉황 아리랑 제02장 04판♪

나있는~ 맘세상~ 정신없고~
나없는~ 맘세상~ 평화복락~
맘~을~ 이길 일 안 하는 님~은~
생귀신~ 망귀신~ 망령난다~

♪봉황 아리랑 제02장 05판♪

악이야~ 선이야~ 한몸이요~
죽을자~ 살자가~ 붙었구나~
불~로~ 태움 질 안 하는 님~은~
하늘뜻~ 거역한~ 악이로다~

♪봉황 아리랑 제02장 06판♪

나쁜자~ 좋은자~ 한몸이요~
슬픈자~ 기쁜자~ 붙었구나~
물~로~ 씻김 질 안 하는 님~은~
하늘일~ 배신한~ 무덤이다~

♪봉황 아리랑 제02장 07판♪

얼라리~ 꼴라리~ 되었구나~
하늘서~ 땅으로~ 떨어졌다~
성~을~ 이루질 못하신 님~은~
하늘만~ 향하면~ 서럽도다~

♪봉황 아리랑 제02장 08판♪

집나간~ 방탕자~ 돌아와요~
부모님~ 애간장~ 다타도다~
자~기~ 생전에 못 사는 님~은~
곡식만~ 축냈다~ 식충이다~

♪봉황 아리랑 제02장 09판♪

인간은~ 죽어서~ 땅속가고~
사람은~ 생전에~ 하늘난다~
죽~어~ 버리면 쓸 데가 없~다~
살아서~ 신체로~ 하늘가라~

♪봉황 아리랑 제02장 10판♪

몸따라~ 마음도~ 죽어지면~
얼마나~ 좋을까~ 안죽는다~
일~체~ 마음을 버리고 살~면~
몸따라~ 마음도~ 영원난다~

♪봉황 아리랑 제02장 11판♪

얼씨구~ 절씨구~ 지화자여~
엄청난~ 열매가~ 되었구나~
참~을~ 이루어 마침 된 님~은~
영영한~ 생명의~ 보화로다~

♪봉황 아리랑 제02장 12판♪

부모님~ 세상에~ 오셨도다~
기어이~ 만나서~ 살아나라~
참~삶~ 간절히 바라는 님~은~
부모님~ 앞에서~ 기쁨돼라~

제3장 영광 아리랑

♪영광 아리랑 제03장 01판♪

똥고집~ 세우면~ 철지난다~
심술통~ 버리고~ 철에들라~
살~아~ 생전에 살아난 님~은~
철들어~ 님생명~ 살렸도다~

♪영광 아리랑 제03장 02판♪

정든님~ 사랑님~ 다버려라~
내맘속~ 헛것이~ 날잡는다~
정~과~ 사랑을 잘 이긴 님~은~
생전에~ 살아서~ 진리난다~

♪영광 아리랑 제03장 03판♪

악이야~ 선이야~ 바로나요~
옥이야~ 금이야~ 바로나다~
도~를~ 행하여 도 통한 님~은~
생전에~ 죽음을~ 넘었도다~

♪영광 아리랑 제03장 04판♪

죽는님~ 죽을님~ 하늘원수~
생전에~ 님죽음~ 해결하라~
생~에~ 들지를 못하는 님~은~
슬프고~ 서럽고~ 가엾도다~

♪영광 아리랑 제03장 05판♪

악맘에~ 뭉치면~ 죽을자요~
선맘에~ 뭉치면~ 영영산다~
하~늘~ 버리고 홀로 된 님~은~
영영히~ 어둠에~ 갇히도다~

♪영광 아리랑 제03장 06판♪

자기맘~ 가지면~ 맹꽁이요~
두껍고~ 두꺼운~ 두껍이다~
맘~에~ 대하여 무지한 님~은~
하늘땅~ 구별도~ 안되도다~

♪영광 아리랑 제03장 07판♪

백세야~ 천세야~ 만세돼라~
불에서~ 물에서~ 탈출하라~
정~신~ 위하여 맘 죽은 님~은~
결단코~ 죽음을~ 넘어간다~

♪영광 아리랑 제03장 08판♪

높은자~ 없도다~ 하늘나라~
낮은자~ 없도다~ 하늘나라~
생~명~ 위하여 맘 버린 님~은~
살아서~ 대자유~ 누리도다~

♪영광 아리랑 제03장 09판♪

생명인~ 아들아~ 아들들아~
자기를~ 이기고~ 귀향하라~
집~은~ 가깝다 님 속에 있~다~
자기만~ 이기면~ 고향된다~

♪영광 아리랑 제03장 10판♪

피범벅~ 자기맘~ 모르구나~
핏덩이~ 설쳐서~ 이난리다~
피~를~ 줄줄줄 흘리는 님~아~
죽는길~ 멈추고~ 살길가라~

♪영광 아리랑 제03장 11판♪

가짜를~ 버려야~ 진짜된다~
나는나~ 너는너~ 다죽는다~
자~기~ 정신이 꽉 눌린 님~은~
영원히~ 멀도다~ 하늘나라~

♪영광 아리랑 제03장 12판♪

천계명~ 만경전~ 날살리라~
나죽은~ 후에는~ 쓸데없다~
경~전~ 연구에 몰두치 말~고~
생전에~ 살아서~ 경전돼라~

제4장 하늘 아리랑

♪하늘 아리랑 제04장 01판♪

말에나~ 글에는~ 진리없다~
죽음을~ 이긴님~ 진리로다~
몸~에~ 붙잡혀 구속 된 님~은~
어둠속~ 살다가~ 어둠난다~

♪하늘 아리랑 제04장 02판♪

자기맘~ 가지면~ 악한자요~
자기맘~ 버리면~ 선한자라~
맘~을~ 버리지 못하는 님~은~
살아도~ 산것이~ 아니로다~

♪하늘 아리랑 제04장 03판♪

인간은~ 가짜라~ 살수없고~
사람은~ 진짜라~ 죽음없다~
자~기~ 마음을 다 버린 님~은~
생전에~ 살아서~ 하늘간다~

♪하늘 아리랑 제04장 04판♪

속여도~ 속여도~ 속는구나~
인간맘~ 가지면~ 다속는다~
욕~심~ 때문에 님 버린 님~은~
헛된삶~ 사느라~ 정신없다~

♪하늘 아리랑 제04장 05판♪

머리털~ 검은님~ 인간이요~
머리털~ 하얀님~ 사람이다~
마~음~ 가지면 검은 털 짐~승~
생전에~ 인간맘~ 다버려라~

♪하늘 아리랑 제04장 06판♪

소풍온~ 땅에서~ 정착말고~
서둘러~ 집으로~ 돌아가라~
세~상~ 살이에 얼빠진 님~은~
부모님~ 나라를~ 버렸도다~

♪하늘 아리랑 제04장 07판♪

앉은자~ 누운자~ 일어나고~
귀먼자~ 눈먼자~ 광통하라~
자~기~ 마음을 감싸는 님~은~
영원히~ 좋은날~ 못보도다~

♪하늘 아리랑 제04장 08판♪

자기맘~ 있으면~ 가짜사랑~
자기맘~ 없으면~ 진짜사랑~
진~짜~ 사랑은 나 없는 사~랑~
진실한~ 사랑엔~ 나는없다~

♪하늘 아리랑 제04장 09판♪

무덤속~ 사는님~ 탈출하라~
자기가~ 자기의~ 무덤이다~
자~기~ 마음이 다 죽은 님~은~
생전에~ 생명에~ 들어간다~

♪하늘 아리랑 제04장 10판♪

물불속~ 살면서~ 피리부나~
제정신~ 아니다~ 귀신이다~
뭐~가~ 좋다고 춤추고 노~나~
삶죽음~ 모른다~ 미쳤구나~

♪하늘 아리랑 제04장 11판♪

신나라~ 명나라~ 신명나라~
새마음~ 새세상~ 일어난다~
나~를~ 생전에 다 이긴 님~은~
살아서~ 광명한~ 하늘간다~

♪하늘 아리랑 제04장 12판♪

아직도~ 참맘을~ 모르느냐~
언제나~ 맘알아~ 행복할까~
하~늘~ 큰마음 생명인 마~음~
생명맘~ 하늘과~ 하나돼라~

제5장 사람 아리랑

♪사람 아리랑 제05장 01판♪

어둠왕~ 인간아~ 사람돼라~
자기만~ 이기면~ 사람된다~
자~기~ 죽을 맘 다 이긴 님~은~
살아서~ 참생명~ 하늘난다~

♪사람 아리랑 제05장 02판♪

습과업~ 가진몸~ 바로나요~
조상맘~ 나의맘~ 너무많다~
제~맘~ 정체를 모르는 님~은~
슬픈삶~ 살다가~ 망령난다~

♪사람 아리랑 제05장 03판♪

살아서~ 가거라~ 하늘나라~
죽으면~ 못간다~ 사는나라~
자~기~ 할일을 망각한 님~은~
허망한~ 삶살다~ 고통난다~

♪사람 아리랑 제05장 04판♪

사망아~ 죽음아~ 나없도다~
무심한~ 마음엔~ 죽음없다~
살~아~ 생전에 빈 마음 돼~라~
무심한~ 사람은~ 하늘간다~

♪사람 아리랑 제05장 05판♪

영광과~ 환호에~ 속지말고~
대중을~ 떠나서~ 혼자돼라~
가~짜~ 마음에 동요치 말~고~
고요한~ 맘되어~ 하늘가라~

♪사람 아리랑 제05장 06판♪

슬픔아~ 슬픔아~ 기쁨돼라~
사람은~ 슬플일~ 하나없다~
인~간~ 이기고 사람이 되~라~
사람은~ 하늘님~ 표상이다~

♪사람 아리랑 제05장 07판♪

이세상~ 저세상~ 한자리요~
난자리~ 선자리~ 그자리다~
정~신~ 차리고 살아난 님~은~
몸이나~ 맘이나~ 달리없다~

♪사람 아리랑 제05장 08판♪

내마음~ 가지면~ 죽어지고~
내마음~ 버리면~ 살아난다~
맘~을~ 깨끗이 버리신 님~은~
참기쁨~ 참평안~ 하늘영광~

♪사람 아리랑 제05장 09판♪

나있다~ 나있다~ 난리세상~
나없다~ 나없다~ 하늘세상~
나~를~ 붙들고 삶 사는 님~은~
기쁜일~ 없도다~ 다시나라~

♪사람 아리랑 제05장 10판♪

잘났다~ 잘났다~ 너잘났다~
옳도다~ 옳도다~ 너옳도다~
자~기~ 생전에 사람된 님~은~
이사람~ 저사람~ 다품도다~

♪사람 아리랑 제05장 11판♪

맘가진~ 인간은~ 불쌍한자~
맘없는~ 사람은~ 당당한자~
맘~을 깨끗이 청산한 님~은~
생명의~ 하늘과~ 하나로다~

♪사람 아리랑 제05장 12판♪

우주와~ 마음이~ 하나인님~
그런분~ 오셔야~ 길열린다~
빈~맘~ 되어서 광명 된 님~은~
하늘님~ 부모님~ 보이도다~

제6장 훨훨 아리랑

♪훨훨 아리랑 제06장 01판♪

불쌍타~ 가엾다~ 죽는님들~
죽음을~ 이겨야~ 영웅이다~
자~기~ 죽음을 해결한 님~은~
광명한~ 천지의~ 별이로다~

♪훨훨 아리랑 제06장 02판♪

어둠아~ 광명아~ 바로나요~
지옥아~ 천국아~ 바로나라~
인~간~ 버리고 사람이 되~면~
영혼인~ 우주의~ 정신이다~

♪훨훨 아리랑 제06장 03판♪

인간은~ 생귀신~ 망령이요~
사람은~ 생참신~ 생령이라~
몸~을~ 신체로 바꾸신 님~은~
살아서~ 하늘에~ 들었도다~

♪훨훨 아리랑 제06장 04판♪

인간은~ 살아도~ 죽은자요~
사람은~ 죽어도~ 산자로다~
자~기~ 죽음을 해결한 님~은~
요단강~ 북망산~ 다시없다~

♪훨훨 아리랑 제06장 05판♪

생전에~ 죽으면~ 영영살고~
죽은일~ 없으면~ 영영망신~
힘~을~ 다하여 나 죽인 님~은~
살아서~ 참나라~ 들어간다~

♪훨훨 아리랑 제06장 06판♪

제사의~ 제물은~ 바로나요~
나없는~ 제사는~ 허사로다~
나~를~ 다 잡아 다 죽은 님~은~
진리요~ 대자유~ 복락이다~

♪훨훨 아리랑 제06장 07판♪

자기맘~ 이기면~ 아들이요~
자기맘~ 이기면~ 영웅이다~
가~짜~ 이기고 진짜 된 님~은~
영영한~ 천세요~ 만세로다~

♪훨훨 아리랑 제06장 08판♪

부어라~ 마셔라~ 죽을인생~
어차피~ 죽는다~ 인생살이~
왜~곡~ 되었다 죽음은 없~다~
하늘몸~ 하늘맘~ 죽게말라~

♪훨훨 아리랑 제06장 09판♪

인간맘~ 부하면~ 망할자요~
하늘맘~ 부하면~ 흥할자다~
자~기~ 거짓 맘 다 죽인 님~은~
복중의~ 복이요~ 참복이다~

♪훨훨 아리랑 제06장 10판♪

죽는맘~ 가지면~ 애송이요~
죽는맘~ 이기면~ 성인이라~
실~로~ 죽는 맘 탈출한 님~은~
참생명~ 하늘님~ 아들이다~

♪훨훨 아리랑 제06장 11판♪

죽는맘~ 이기라~ 사생결단~
결단코~ 님죽음~ 물리쳐라~
죽~는~ 마음을 이기신 님~은~
자기의~ 할일을~ 마쳤도다~

♪훨훨 아리랑 제06장 12판♪

참부모~ 세상에~ 계시도다~
기어이~ 만나서~ 상봉하라~
하~늘~ 부모님 죽어진 나~를~
살리고~ 살려서~ 다시낸다~

제7장 우주 아리랑

♪우주 아리랑 제07장 01판♪

죽는맘~ 가지고~ 죽는님아~
사는맘~ 가지고~ 살아나라~
자~기~ 마음을 다 버린 님~은~
자기의~ 갈길을~ 다갔도다~

♪우주 아리랑 제07장 02판♪

인간맘~ 죽는맘~ 죽고죽고~
사람맘~ 사는맘~ 살고산다~
생~명~ 찾아서 만나신 님~은~
결단코~ 영원히~ 죽음없다~

♪우주 아리랑 제07장 03판♪

하늘님~ 이름이~ 어디있나~
글에나~ 말에는~ 님이없다~
자~기~ 마음을 이기신 님~은~
명징히~ 알도다~ 생명우주~

♪우주 아리랑 제07장 04판♪

하늘엔~ 오로지~ 하나마음~
다른맘~ 가지면~ 죄인된다~
하~나~ 안에서 또 다른 맘~은~
악하고~ 악하다~ 악하도다~

♪우주 아리랑 제07장 05판♪

자기만~ 잡기도~ 어렵지만~
자기만~ 잡아선~ 못나도다~
끝~을~ 알아야 끝장을 본~다~
끝에서~ 오신분~ 상봉하라~

♪우주 아리랑 제07장 06판♪

땅추억~ 가지고~ 하늘가면~
여기나~ 거기나~ 뭐다를까~
세~상~ 하던 짓 그대로 한~다~
인간은~ 땅에나~ 머물거라~

♪우주 아리랑 제07장 07판♪

궁나간~ 왕자님~ 돌아와요~
하늘궁~ 부모님~ 애가탄다~
궁~을~ 망각한 불쌍한 님~은~
땅거지~ 살다가~ 버려진다~

♪우주 아리랑 제07장 08판♪

님살아~ 생전에~ 살아나라~
인간은~ 산자가~ 아니로다~
살~아~ 생전에 살아난 님~은~
이세상~ 저세상~ 따로없다~

♪우주 아리랑 제07장 09판♪

죽은맘~ 무덤서~ 일어나라~
정신을~ 차리고~ 살아나라~
무~덤~ 이기고 살아난 님~은~
이세상~ 저세상~ 광영이다~

♪우주 아리랑 제07장 10판♪

우물속~ 숨어서~ 사는님아~
우물밖~ 나와서~ 광명돼라~
홀~로~ 당당히 생명에 들~라~
참생명~ 하늘님~ 아들돼라~

♪우주 아리랑 제07장 11판♪

살방법~ 가지고~ 오셨으니~
동방서~ 소울음~ 들리도다~
죽~음~ 이후에 간단 말 말~고~
생전에~ 생하늘~ 맞이하라~

♪우주 아리랑 제07장 12판♪

날살려~ 주셔야~ 생명주요~
생명주~ 내생에~ 날살린다~
나~의~ 어둔 맘 씻기고 씻~겨~
생전에~ 날살려~ 데려간다~

제8장 생명 아리랑

♪생명 아리랑 제08장 01판♪

인간은~ 물속에~ 살고있고~
인간은~ 불속에~ 살고있다~
당~장~ 나와서 생명길 가~라~
금생이~ 아니면~ 다시없다~

♪생명 아리랑 제08장 02판♪

공부만~ 하다가~ 죽을텐가~
죽었다~ 살아야~ 사람된다~
살~아~ 생전에 다 죽은 님~은~
대자유~ 참평안~ 누리도다~

♪생명 아리랑 제08장 03판♪

탐심을~ 가지면~ 님죽고요~
탐심을~ 버려야~ 님이산다~
탐~심~ 이기고 살아난 님~은~
이세상~ 저세상~ 생명보화~

♪생명 아리랑 제08장 04판♪

마음을~ 가져서~ 발작말고~
버려라~ 버려라~ 맘버려라~
맘~을~ 생전에 다 잡은 님~은~
만물이~ 바라던~ 주인이다~

♪생명 아리랑 제08장 05판♪

내삶은~ 업이요~ 자범죄요~
조상맘~ 습이요~ 받은죄다~
몸~도~ 이겨야 하늘에 간~다~
업습몸~ 이겨야~ 완성된다~

♪생명 아리랑 제08장 06판♪

매항상~ 잘하는~ 사람없고~
매항상~ 못하는~ 사람없다~
삶~의~ 일상에 희비치 말~고~
여여한~ 마음에~ 도달하라~

♪생명 아리랑 제08장 07판♪

자기맘~ 가지면~ 백전백패~
자기맘~ 없으면~ 백전백승~
영~원~ 승리를 원하는 님~은~
자기만~ 이기면~ 만세된다~

♪생명 아리랑 제08장 08판♪

죽는맘~ 가지고~ 죽지말고~
사는맘~ 가지고~ 살아나라~
자~기~ 무덤서 부활한 님~은~
하늘일~ 하늘뜻~ 이뤘도다~

♪생명 아리랑 제08장 09판♪

궁금증~ 있으면~ 인간이요~
궁금증~ 없으면~ 사람이라~
인~간~ 지혜를 다 버린 님~은~
땅하늘~ 모를것~ 일체없다~

♪생명 아리랑 제08장 10판♪

시체는~ 너희나~ 가지거라~
신체만~ 오너라~ 하늘나라~
살~아~ 생전에 신체가 되~라~
하늘님~ 세상은~ 신의나라~

♪생명 아리랑 제08장 11판♪

참회할~ 방법이~ 어디있나~
참회할~ 방법이~ 살길이다~
마~음~ 참회 할 방법을 몰~라~
수만년~ 수억년~ 죽었도다~

♪생명 아리랑 제08장 12판♪

하늘님~ 내앞에~ 계시지만~
인간맘~ 있으면~ 못보도다~
자~기~ 마음이 가득한 인~간~
하늘님~ 인간이~ 무섭도다~

제9장 천심 아리랑

♪천심 아리랑 제09장 01판♪

땅천지~ 곳곳이~ 함정이요~
안죽고~ 사는게~ 기적이다~
언~제~ 땅에서 솟구쳐 올~라~
맘편한~ 세상을~ 살아볼까~

♪천심 아리랑 제09장 02판♪

가짜는~ 가짜라~ 말이많다~
살지도~ 못할말~ 똑같은말~
말~에~ 속아서 묶여진 님~은~
자기가~ 자기를~ 망치도다~

♪천심 아리랑 제09장 03판♪

하늘님~ 영접을~ 누가할까~
거주처~ 주는이~ 하나없다~
님~을~ 위하여 맘 비운 님~은~
하늘님~ 만나서~ 사는도다~

♪천심 아리랑 제09장 04판♪

참으로~ 싫도다~ 인간마음~
맘속에~ 시체가~ 너무많다~
자~기~ 무덤을 청산할 님~은~
님만나~ 자기로~ 진군하라~

♪천심 아리랑 제09장 05판♪

주방과~ 화장실~ 왔다갔다~
밥먹고~ 똥싸고~ 이게다다~
밥~만~ 축냈다 한 일이 없~다~
금생에~ 부모님~ 못보도다~

♪천심 아리랑 제09장 06판♪

인간은~ 보잘것~ 없지만은~
사람은~ 참으로~ 창대하다~
살~아~ 생전에 사람이 되~라~
사람이~ 끝이다~ 더는없다~

♪천심 아리랑 제09장 07판♪

생명수~ 바닷속~ 있는님아~
어째서~ 그속서~ 목마르냐~
자~기~ 고집통 부수고 나~와~
생명수~ 우주와~ 하나돼라~

♪천심 아리랑 제09장 08판♪

사는게~ 진리다~ 죽지말라~
죽으면~ 하늘님~ 원수된다~
자~기~ 죽음 서 살아난 님~은~
자유다~ 평화다~ 만국이다~

♪천심 아리랑 제09장 09판♪

신들린~ 몸이다~ 신체로다~
목표만~ 세워라~ 성공한다~
목~표~ 없어서 성공이 없~다~
하늘이~ 돕는다~ 매진하라~

♪천심 아리랑 제09장 10판♪

말에나~ 글에는~ 진리없다~
죽었다~ 살아야~ 진리된다~
인~간~ 변하여 사람이 되~면~
진리다~ 진리다~ 참진리다~

♪천심 아리랑 제09장 11판♪

강물은~ 물따라~ 바다가고~
사람은~ 산채로~ 하늘간다~
하~늘~ 위하여 맘 바친 님~은~
생전에~ 하늘에~ 들리도다~

♪천심 아리랑 제09장 12판♪

오신다~ 하신님~ 오셨도다~
날살려~ 주셔야~ 생명주다~
말~은~ 더 이상 필요가 없~다~
행함이~ 없으면~ 살수없다~

제10장 천지 아리랑

♪천지 아리랑 제10장 01판♪

죽는맘~ 가지고~ 울지말고~
사는맘~ 가지고~ 웃고살라~
자~기~ 죽음을 해결한 님~은~
다른몸~ 받아서~ 하늘간다~

♪천지 아리랑 제10장 02판♪

머릿결~ 검은님~ 어둠살고~
머릿결~ 하얀님~ 광명산다~
마~음~ 깨끗이 청산한 님~은~
새하얀~ 하늘옷~ 입었도다~

♪천지 아리랑 제10장 03판♪

귀하고~ 귀한맘~ 만들어라~
안죽고~ 사는맘~ 천하보물~
참~맘~ 생전에 살려 낸 님~은~
아버지~ 어머니~ 장자로다~

♪천지 아리랑 제10장 04판♪

참생명~ 나무야~ 잘자라서~
죽음을~ 이기고~ 열매돼라~
세~상~ 욕심을 이겨 낸 님~은~
땅이나~ 하늘서~ 보화로다~

♪천지 아리랑 제10장 05판♪

별것도~ 아닌일~ 방방뛴다~
맷집이~ 약해서~ 큰일이다~
온~갖~ 풍파를 다 겪은 님~은~
방정이~ 없도다~ 담담하다~

♪천지 아리랑 제10장 06판♪

심보를~ 비우면~ 가볍지만~
심보를~ 버리면~ 훨훨난다~
님~의~ 심보를 버리고 버~려~
하늘님~ 나라에~ 들어가라~

137

♪천지 아리랑 제10장 07판♪

마음을~ 가지면~ 꿈을꾸고~
마음을~ 버리면~ 꿈이없다~
내~꿈~ 많도다 더하지 말~라~
꿈없이~ 살아야~ 하늘간다~

♪천지 아리랑 제10장 08판♪

님이웃~ 덕분에~ 님이산다~
항시로~ 고맙고~ 감사하라~
이~웃~ 귀한 줄 모르는 님~은~
철부지~ 아이다~ 애송이다~

♪천지 아리랑 제10장 09판♪

깨우쳐~ 다알라~ 님의정체~
깨치고~ 닿으라~ 도통나라~
자~기~ 생전에 자기를 잡~아~
자기의~ 근본을~ 밝히알라~

♪천지 아리랑 제10장 10판♪

하늘님~ 죽은자~ 안보신다~
하늘님~ 산자만~ 보시도다~
무~덤~ 속에서 사시는 님~은~
기필코~ 무덤서~ 탈출하라~

♪천지 아리랑 제10장 11판♪

생명주~ 가까이~ 계시도다~
생명주~ 만나서~ 살아나라~
자~기~ 악한 맘 버리고 버~려~
착한맘~ 가지고~ 영접하라~

♪천지 아리랑 제10장 12판♪

내맘속~ 조상님~ 전생이요~
지금생~ 지금나~ 후생이라~
전~생~ 후생에 매이지 말~고~
금생에~ 전후생~ 종말하라~

제11장 영웅 아리랑

♪영웅 아리랑 제11장 01판♪

복중의~ 참복은~ 생명이요~
생전에~ 죽음을~ 이김이라~
모~래~ 성전에 홀리지 말~고~
당당한~ 반석에~ 우뚝서라~

♪영웅 아리랑 제11장 02판♪

인간맘~ 악이요~ 패망이요~
인간맘~ 없으면~ 만만세다~
맘~을~ 생전에 청산한 님~은~
즐겁고~ 기쁘고~ 안락하다~

♪영웅 아리랑 제11장 03판♪

살아서~ 가거라~ 하늘나라~
죽으면~ 못간다~ 생명나라~
생~명~ 나라는 산자의 나~라~
생전에~ 살아야~ 들어간다~

♪영웅 아리랑 제11장 04판♪

무심한~ 하늘님~ 진리로다~
자기맘~ 버리고~ 무심돼라~
영~원~ 복락을 원하는 님~은~
기어이~ 빈 마음~ 만들어라~

♪영웅 아리랑 제11장 05판♪

변덕맘~ 가지고~ 희비말고~
몽땅다~ 버리고~ 환골탈태~
마~음~ 죽이고 살아나 살~라~
가난한~ 마음이~ 날 살린다~

♪영웅 아리랑 제11장 06판♪

내생전~ 죽은날~ 못살리면~
육육경~ 팔만경~ 쓸데없다~
오~직~ 내 일생 단 한 번 기~회~
다음은~ 없도다~ 다시없다~

♪영웅 아리랑 제11장 07판♪

님마음~ 욕심이~ 님잡는다~
욕심을~ 버려야~ 하늘간다~
욕~심~ 때문에 님 버린 님~은~
슬프고~ 서럽고~ 불쌍토다~

♪영웅 아리랑 제11장 08판♪

무심한~ 사람은~ 죽음없고~
유심한~ 인간은~ 죽는도다~
마~음~ 관하여 명징히 알~면~
생전에~ 죽음을~ 넘는도다~

♪영웅 아리랑 제11장 09판♪

천하의~ 보물은~ 사람이요~
죽는맘~ 이기면~ 보물된다~
님~의~ 근본은 하늘님 원~형~
언제나~ 보물로~ 다시날까~

♪영웅 아리랑 제11장 10판♪

종노예~ 굴신짓~ 그만하라~
사람은~ 땅하늘~ 주인이다~
종~맘~ 버리고 왕으로 살~라~
하늘은~ 왕들의~ 왕의나라~

♪영웅 아리랑 제11장 11판♪

참부모~ 세상에~ 계시도다~
마침내~ 벗는다~ 짐승마음~
실~로~ 악한 것 인간 맘 이~라~
참부모~ 내생전~ 벗기신다~

♪영웅 아리랑 제11장 12판♪

하늘님~ 자체가~ 생명만국~
하늘님~ 몸입고~ 계시도다~
당~장~ 일어나 달려가 만~나~
생전에~ 생명국~ 들어가라~

제12장 승리 아리랑

♪승리 아리랑 제12장 01판♪

정신과~ 육신이~ 같이있다~
육신에~ 속아서~ 죽지말라~
육~신~ 감옥에 잡혀져 살~면~
정신도~ 동행해~ 죽는도다~

♪승리 아리랑 제12장 02판♪

정신을~ 잃은님~ 가련하다~
정신을~ 차리고~ 살아나라~
욕~심~ 독주에 취하여 살~면~
정신이~ 없어서~ 님죽는다~

♪승리 아리랑 제12장 03판♪

부귀삶~ 살다가~ 죽는인간~
천하에~ 멍청이~ 불쌍한자~
잠~깐~ 영화에 정신이 팔~려~
그좋은~ 환경서~ 죽는구나~

♪승리 아리랑 제12장 04판♪

더위와~ 추위를~ 면해놓고~
더없는~ 생명을~ 죽이느냐~
생~명~ 귀한 줄 모르는 님~은~
바보다~ 천치다~ 맹꽁이다~

♪승리 아리랑 제12장 05판♪

석탄절~ 성탄절~ 본을삼아~
이제는~ 님살아~ 오시어라~
금~생~ 당당한 성인이 되~라~
생전에~ 님탄절~ 이루어라~

♪승리 아리랑 제12장 06판♪

맛있다~ 맛없다~ 투정말고~
금과은~ 쌓여도~ 겸손하라~
금~은~ 보화에 빠지지 말~고~
진짜삶~ 위하여~ 살길가라~

♪승리 아리랑 제12장 07판♪

마음을~ 가지면~ 못난자요~
마음이~ 없으면~ 잘난자라~
자~기~ 마음을 다 버린 님~은~
천극락~ 하늘님~ 생명아들~

♪승리 아리랑 제12장 08판♪

육체가~ 신체다~ 육신이요~
마음이~ 신체다~ 심신이다~
신~에~ 대하여 무지한 님~이~
어떻게~ 하늘을~ 간다는가~

♪승리 아리랑 제12장 09판♪

살아서~ 구하라~ 님의생명~
죽느냐~ 사느냐~ 님의결정~
자~기~ 심판은 자기가 한~다~
헛된삶~ 버리고~ 진심살라~

♪승리 아리랑 제12장 10판♪

님안에~ 다있다~ 삶과죽음~
죽는맘~ 이기면~ 산자된다~
죽~음~ 따라서 죽지를 말~라~
살길이~ 열렸다~ 살아나라~

♪승리 아리랑 제12장 11판♪

방법을~ 주셔야~ 생명주다~
생명주~ 방법을~ 내셨도다~
방~법~ 만나고 실천한 님~은~
생전에~ 살아서~ 하늘간다~

♪승리 아리랑 제12장 12판♪

죽은날~ 살려야~ 생명주라~
나죽은~ 이후엔~ 소용없다~
자~기~ 산 것을 자기가 안~다~
죽는맘~ 이기면~ 다알도다~

제13장 성공 아리랑

♪성공 아리랑 제13장 01판♪

젊은날~ 이루라~ 삶의사명~
헛된삶~ 버리고~ 살아나라~
생~명~ 부모님 만나는 님~은~
생전에~ 살아서~ 하늘간다~

♪성공 아리랑 제13장 02판♪

인간의~ 목적은~ 사람이요~
사람은~ 하늘의~ 완성이다~
삶~의~ 목적을 상실한 님~은~
생전에~ 좋은날~ 못보도다~

♪성공 아리랑 제13장 03판♪

생우주~ 사람의~ 영원고향~
부모님~ 사시는~ 하늘나라~
맘~에~ 취하여 방탕한 님~은~
부모님~ 고향집~ 못가도다~

♪성공 아리랑 제13장 04판♪

죽은맘~ 내맘엔~ 영혼없다~
영혼이~ 없는맘~ 늘서럽다~
항~상~ 마음이 허전한 님~아~
인간맘~ 버려야~ 님이산다~

♪성공 아리랑 제13장 05판♪

날개를~ 묶고서~ 기는님아~
날개를~ 펼쳐서~ 하늘날라~
살~아~ 생전에 날개를 펴~라~
신세계~ 새세상~ 펼쳐진다~

♪성공 아리랑 제13장 06판♪

전우들~ 시체가~ 너무많다~
님만은~ 사선을~ 넘어가라~
살~아~ 생전에 죽음을 넘~어~
광명한~ 하늘에~ 찬탄하라~

♪성공 아리랑 제13장 07판♪

살아서~ 가거라~ 하늘나라~
거어이~ 만나라~ 님의생명~
정~녕~ 산 생명 원하는 님~은~
살아서~ 하늘님~ 만나도다~

♪성공 아리랑 제13장 08판♪

말들을~ 그치라~ 시끄럽다~
고독한~ 마음에~ 홀로서라~
홀~로~ 작심코 골방에 들~면~
부단히~ 하늘만~ 향해가라~

♪성공 아리랑 제13장 09판♪

뱀이다~ 독사다~ 인간마음~
언제나~ 다죽고~ 사람되나~
악~한~ 마음을 다 죽인 님~은~
착하다~ 선하다~ 대웅이다~

♪성공 아리랑 제13장 10판♪

양의탈~ 늑대야~ 님죽는다~
짐승맘~ 떨치고~ 사람돼라~
짐~승~ 멸망 옷 다 벗은 님~은~
기쁘다~ 즐겁다~ 안락하다~

♪성공 아리랑 제13장 11판♪

님살릴~ 생명주~ 오셨도다~
생명주~ 님살려~ 데려간다~
헛~짓~ 하다가 죽지를 말~고~
생전에~ 살아서~ 하늘가라~

♪성공 아리랑 제13장 12판♪

화려한~ 복장에~ 속는님아~
하늘님~ 수수히~ 오시도다~
온~갖~ 헛 것에 속아 온 님~은~
허황된~ 치장에~ 늘속도다~

제14장 완성 아리랑

♪완성 아리랑 제14장 01판♪

갈것도~ 올것도~ 없느니라~
난자리~ 선자리~ 님자리다~
님~의~ 악한 맘 버리고 버~려~
시작점~ 바탕서~ 다시나라~

♪완성 아리랑 제14장 02판♪

정말로~ 밉도다~ 인간마음~
정말로~ 좋도다~ 사람마음~
언~제~ 땅에서 아들을 볼~까~
딸들아~ 변하여~ 아들돼라~

♪완성 아리랑 제14장 03판♪

자기만~ 아는자~ 나쁜자요~
나쁜자~ 자기밖~ 모르도다~
홀~로~ 감옥에 갇혀진 나~를~
언제나~ 누구가~ 건져줄까~

♪완성 아리랑 제14장 04판♪

얼씨구~ 좋구나~ 사람들아~
절씨구~ 좋도다~ 아들들아~
평~안~ 복락에 입성한 님~은~
쾌지나~ 칭칭칭~ 만만세다~

♪완성 아리랑 제14장 05판♪

욕심이~ 있어야~ 인간나고~
인간이~ 있어야~ 사람난다~
하~늘~ 가는 길 절차를 따~라~
정결한~ 맘으로~ 다시나라~

♪완성 아리랑 제14장 06판♪

즐겁게~ 못 살면~ 나만손해~
신나게~ 못 살면~ 나만바보~
당~장~ 길 바꿔 죽는 길 끊~고~
매항상~ 즐겁고~ 행복하라~

♪완성 아리랑 제14장 07판♪

신발을~ 벗으면~ 거룩한땅~
자기발~ 씻으면~ 하늘아들~
세~상~ 살면서 쌓여진 추~억~
추억을~ 버리면~ 살아난다~

♪완성 아리랑 제14장 08판♪

인간맘~ 죽는맘~ 끌어안고~
사람맘~ 사는맘~ 버리는가~
좋~고~ 나쁜 것 모르는 님~은~
참으로~ 미련한~ 맹꽁이다~

♪완성 아리랑 제14장 09판♪

하늘님~ 만나면~ 죽는단다~
내마음~ 죽으면~ 만나겠네~
자~기~ 세상을 다 버린 님~은~
살아서~ 하늘님~ 만나도다~

♪완성 아리랑 제14장 10판♪

하늘서~ 땅으로~ 떨어졌다~
제세상~ 가져서~ 떨어졌다~
자~기~ 세상을 가지신 님~은~
제세상~ 버려야~ 훨훨난다~

♪완성 아리랑 제14장 11판♪

화려한~ 가짜에~ 속는님아~
진짜는~ 꾸밀일~ 전연없다~
망~상~ 버리고 똑똑히 알~라~
꾸밈에~ 속는자~ 못살도다~

♪완성 아리랑 제14장 12판♪

하늘서~ 오셔야~ 문열린다~
땅에선~ 하늘문~ 안열린다~
지~금~ 그 누가 하늘 문 여~나~
진짜는~ 금생에~ 날살린다~

제15장 독립 아리랑

♪독립 아리랑 제15장 01판♪

제사의~ 제물은~ 자기마음~
내제사~ 내마음~ 진짜제물~
오~직~ 내 것은 내 마음 이~요~
내마음~ 드려야~ 내가산다~

♪독립 아리랑 제15장 02판♪

마음을~ 가져서~ 죽을죄인~
마음만~ 없으면~ 죄가없다~
님~의~ 죄 된 맘 다 씻어지~면~
영영히~ 살도다~ 영영난다~

♪독립 아리랑 제15장 03판♪

버리면~ 보인다~ 옥토낙원~
버리면~ 들린다~ 복락노래~
마~음~ 없으면 자연이 된~다~
생전에~ 자연과~ 하나돼라~

♪독립 아리랑 제15장 04판♪

나살아~ 가는곳~ 어둠나라~
나죽고~ 가는곳~ 광명나라~
살~아~ 생전에 다 죽은 님~은~
결단코~ 죽는것~ 다시없다~

♪독립 아리랑 제15장 05판♪

육신은~ 마음의~ 거푸집틀~
마음과~ 육신은~ 같은모양~
아~들~ 에게는 나라가 있~다~
아들이~ 아닌자~ 갈곳없다~

♪독립 아리랑 제15장 06판♪

이웃을~ 지극히~ 사랑하라~
이웃이~ 살아야~ 님도산다~
이~웃~ 귀한 줄 모르는 님~은~
참삶과~ 참행복~ 모르도다~

♪독립 아리랑 제15장 07판♪

죽어도~ 남는다~ 인간마음~
썩지도~ 않는다~ 소금기둥~
님~의~ 형상은 하늘님 형~상~
영원히~ 살거나~ 죽는도다~

♪독립 아리랑 제15장 08판♪

동산아~ 산들아~ 어화둥둥~
강들아~ 바다야~ 지화자다~
진~즉~ 인간 맘 다 털고 나~니~
광명한~ 하늘이~ 날 맞도다~

♪독립 아리랑 제15장 09판♪

인간맘~ 죽으면~ 하늘영광~
하늘님~ 표상은~ 사람이다~
가~짜~ 죽어야 진짜가 산~다~
가짜야~가짜야~ 진짜돼라~

♪독립 아리랑 제15장 10판♪

헛살다~ 죽으면~ 천하악당~
자기를~ 이긴님~ 천하영웅~
인~간~ 죽어야 사람이 산~다~
사람은~ 생우주~ 그 자체다~

♪독립 아리랑 제15장 11판♪

죽는차~ 당장에~ 하차하고~
사는차~ 타고서~ 살아나라~
가~짜~ 버리고 진짜로 살~라~
생전에~ 죽어야~ 다시난다~

♪독립 아리랑 제15장 12판♪

진짜는~ 겉치장~ 아니한다~
진짜는~ 헛속임~ 아니한다~
진~짜~ 아니면 꾸밈이 많~다~
진짜는~ 사람만~ 살리도다~

제16장 승승 아리랑

♪승승 아리랑 제16장 01판♪

입으로~ 먹은것~ 죄안된다~
눈과귀~ 먹은것~ 선악과다~
본~것~ 들은 것 버리고 나~면~
명랑한~ 맘으로~ 하늘간다~

♪승승 아리랑 제16장 02판♪

인간술~ 먹어도~ 죄안된다~
마음술~ 탐심술~ 죽음독주~
근~본~ 마음에 덧칠을 하~면~
진심은~ 점점더~ 멀어진다~

♪승승 아리랑 제16장 03판♪

자기맘~ 가지면~ 캄캄절벽~
자기맘~ 없으면~ 무아지경~
하~늘~ 향할 길 붙잡는 님~은~
누구도~ 아니다~ 자기로다~

♪승승 아리랑 제16장 04판♪

인간과~ 하늘님~ 논쟁하면~
인간은~ 이기고~ 죽는도다~
실~로~ 답 없는 맹꽁이 인~간~
이기면~ 지는걸~ 모르도다~

♪승승 아리랑 제16장 05판♪

너따로~ 나따로~ 다죽고요~
너는나~ 나는너~ 모두산다~
자~기~ 마음을 맹렬히 버~려~
무심한~ 마음에~ 뭉쳐져라~

♪승승 아리랑 제16장 06판♪

총과칼~ 넘치면~ 난리지옥~
농기구~ 넘치면~ 지상낙원~
사~람~ 근본 맘 지극한 마~음~
생명의~ 님나라~ 건국하라~

♪승승 아리랑 제16장 07판♪

하늘님~ 만나면~ 패배하라~
사람은~ 패하고~ 영생난다~
실~로~ 마음이 광명한 님~은~
패하고~ 이길줄~ 잘 알도다~

♪승승 아리랑 제16장 08판♪

선악과~ 있어야~ 인간나고~
인간이~ 있어야~ 사람난다~
인~간~ 너머에 사람이 있~다~
인간을~ 이기고~ 사람돼라~

♪승승 아리랑 제16장 09판♪

인간은~ 생명의~ 씨앗이요~
사람은~ 웅대한~ 열매로다~
하~늘~ 부모님 한 가지 소~원~
아들들~ 기어이~ 열매돼라~

♪승승 아리랑 제16장 10판♪

마음을~ 가지면~ 못된자요~
마음이~ 없으면~ 잘된자라~
죽~어~ 버리면 갈 곳이 없~다~
죽음을~ 이기고~ 하늘가라~

♪승승 아리랑 제16장 11판♪

내마음~ 지워야~ 구세주라~
구세주~ 내마음~ 지워준다~
실~로~ 악한 것 인간 맘 이~니~
마음만~ 없으면~ 떳떳하다~

♪승승 아리랑 제16장 12판♪

큰권세~ 오셔야~ 하늘간다~
부모님~ 만나야~ 길열린다~
부~모~ 없으면 날 수가 없~다~
부모님~ 만나서~ 살아나라~

제17장 복락 아리랑

♪복락 아리랑 제17장 01판♪

칼춤의~ 장단에~ 나죽어야~
부채춤~ 장단에~ 하늘난다~
하~늘~ 만나서 다 죽은 님~은~
생전에~ 생명국~ 들어간다~

♪복락 아리랑 제17장 02판♪

거짓말~ 거짓말~ 다거짓말~
옛날말~ 지금말~ 다거짓말~
거~짓~ 마음은 거짓말 한~다~
인간이~ 하는말~ 다 거짓말~

♪복락 아리랑 제17장 03판♪

맘가진~ 인간은~ 영원가짜~
맘없는~ 사람은~ 영원진짜~
인~간~ 생전에 다 죽음 하~면~
광명한~ 생명삶~ 평안평화~

♪복락 아리랑 제17장 04판♪

봤던것~ 독이요~ 눈독이요~
들은것~ 독이요~ 말독이다~
자~기~ 마음이 자기의 세~상~
제세상~ 가진자~ 하늘원수~

♪복락 아리랑 제17장 05판♪

보듬고~ 아끼면~ 같이살고~
싸우고~ 나뉘면~ 다죽는다~
모~두~ 자기 맘 버리고 살~면~
나는너~ 너는나~ 하나된다~

♪복락 아리랑 제17장 06판♪

판사님~ 검사님~ 사심없이~
공평과~ 정의만~ 생각하라~
일~체~ 세상에 때 묻지 말~라~
막중한~ 책임을~ 망각말라~

♪복락 아리랑 제17장 07판♪

겉과속~ 다르면~ 죽는자요~
몸과맘~ 하나면~ 영원산다~
살~아~ 생전에 하나가 되~면~
영영히~ 님죽음~ 볼일없다~

♪복락 아리랑 제17장 08판♪

웃다가~ 울다가~ 귀신이다~
두마음~ 가지면~ 살수없다~
얼~굴~ 하나에 마음은 만~개~
자기도~ 자기를~ 모르도다~

♪복락 아리랑 제17장 09판♪

사람맘~ 공든탑~ 무너지랴~
인간맘~ 공없어~ 망하도다~
마~음~ 없어야 공든 탑 이~니~
생전에~ 공든탑~ 만들어라~

♪복락 아리랑 제17장 10판♪

판안에~ 있으면~ 다죽는다~
판밖에~ 님생명~ 살길있다~
인~간~ 만든 길 살 길이 없~다~
죽는판~ 나와야~ 살판난다

♪복락 아리랑 제17장 11판♪

생명주~ 우리를~ 살리신다~
진짜는~ 생전에~ 살리신다~
다~음~ 나중에 이런 것 없~다~
생전에~ 살려서~ 품으신다~

♪복락 아리랑 제17장 12판♪

원범죄~ 자범죄~ 다가진나~
하늘님~ 만나야~ 없어진다~
죄~란~ 내 만든 내 마음 이~요~
생명주~ 아니면~ 살길없다~

제18장 진짜 아리랑

♪진짜 아리랑 제18장 01판♪

이승은~ 내몸안~ 세상이요~
저승은~ 내몸밖~ 세상이다~
생~전~ 겉과 속 하나가 되~면~
이승도~ 저승도~ 하나세상~

♪진짜 아리랑 제18장 02판♪

인간은~ 짐승옷~ 입고살고~
사람은~ 짐승옷~ 벗었도다~
나~는~ 언제나 짐승 옷 벗~나~
인간을~ 넘어야~ 사람된다~

♪진짜 아리랑 제18장 03판♪

살아온~ 인생길~ 삶이죄다~
인생삶~ 없으면~ 죄도없다~
본~것~ 들은 것 일체 다 거~짓~
버리고~ 버리면~ 살아난다~

♪ 진짜 아리랑 제18장 04판 ♪

세월속~ 있으면~ 죽어지고~
세월밖~ 있으면~ 영원산다~
관~념~ 관습서 해방 된 님~은~
생전에~ 살아서~ 하늘간다~

♪ 진짜 아리랑 제18장 05판 ♪

내눈이~ 가잔다~ 좋은구경~
내입이~ 가잔다~ 맛난음식~
평~생~ 눈과 입 위하여 산~님~
하늘일~ 하늘뜻~ 버렸도다~

♪ 진짜 아리랑 제18장 06판 ♪

인간은~ 악당중~ 악당이요~
인간중~ 선량자~ 하나없다~
자~기~ 마음을 가지신 님~은~
악한맘~ 버리고~ 선에들라~

♪ 진짜 아리랑 제18장 07판 ♪

욕심맘~ 따르면~ 살수없다~
욕심맘~ 버리고~ 하늘가라~
일~체~ 욕심을 버리고 버~려~
생명의~ 나라에~ 입성하라~

♪ 진짜 아리랑 제18장 08판 ♪

산넘어~ 산넘어~ 산이라도~
반드시~ 길있다~ 길이있다~
문~제~ 속에는 정답도 있~다~
장애물~ 하나에~ 속지말라~

♪ 진짜 아리랑 제18장 09판 ♪

자기를~ 이기고~ 탈출하라~
생명삶~ 영원삶~ 눈앞이다~
결~코~ 생명 길 멈추지 말~라~
자물통~ 열쇠는~ 바로나다~

♪진짜 아리랑 제18장 10판♪

더하고~ 더하면~ 점점죽고~
버리고~ 버리면~ 점점산다~
처~음~ 마음에 색칠치 말~라~
태초의~ 마음만~ 선량하다~

♪진짜 아리랑 제18장 11판♪

진짜인~ 증거는~ 진짜낳고~
죽기전~ 하늘로~ 옮기신다~
진~짜~ 생명주 아들을 씻~겨~
생전에~ 죽음서~ 구하신다~

♪진짜 아리랑 제18장 12판♪

스승님~ 부모님~ 하나시다~
구하고~ 살려서~ 데려간다~
방~법~ 가지고 오시는 님~이~
스승님~ 부모님~ 생명주다~

제19장 정상 아리랑

♪정상 아리랑 제19장 01판♪

약속을~ 지키면~ 인간승리~
정신을~ 살리면~ 정신승리~
하~늘~ 정신을 명징히 알~라~
약속과~ 정신은~ 생명이다~

♪정상 아리랑 제19장 02판♪

걸음아~ 걸음아~ 날살려라~
가던길~ 멈추고~ 돌아서라~
제~맘~ 가지고 가시는 님~아~
결단코~ 욕심과~ 결별하라~

♪정상 아리랑 제19장 03판♪

걸음아~ 걸음아~ 날살려라~
걷다가~ 끝난다~ 뛰어가라~
잠~시~ 잠깐도 쉴틈이 없~다~
살길만~ 향해서~ 달려가라~

♪정상 아리랑 제19장 04판♪

세상을~ 인간이~ 강탈하면~
인간도~ 세상도~ 다죽는다~
인~간~ 세상은 다 죽는 세~상~
인간이~ 없어야~ 평화세상~

♪정상 아리랑 제19장 05판♪

인간이~ 사람이~ 아니되면~
천만년~ 억만년~ 낙이없다~
하~늘~ 부모님 아들이 없~다~
인간아~ 아들길~ 들어서라~

♪정상 아리랑 제19장 06판♪

인간은~ 지구에~ 붙어살고~
지구는~ 공중에~ 동동떴다~
공~중~ 하늘서 몸 가진 인~간~
공중서~ 악권세~ 잡았도다~

♪정상 아리랑 제19장 07판♪

자기맘~ 가지면~ 까막개라~
토한것~ 또먹고~ 또먹는다~
인~간~ 맘으로 끝까지 살~면~
영영히~ 살길이~ 막히도다~

♪정상 아리랑 제19장 08판♪

인간이~ 사람이~ 아니되면~
세상에~ 좋은일~ 일체없다~
인~간~ 삶 중에 최상의 일~은~
자기의~ 죽음을~ 이김이라~

♪정상 아리랑 제19장 09판♪

인간은~ 인간딸~ 땅의인간~
사람은~ 참아들~ 하늘아들~
홀~로~ 불쌍히 떠돌지 말~고~
부모님~ 집으로~ 돌아가라~

♪정상 아리랑 제19장 10판♪

자기맘~ 없으면~ 영원나고~
다른몸~ 받아서~ 하늘난다~
자~기~ 맘 없는 하늘님 아~들~
살아서~ 당당히~ 고향간다~

♪정상 아리랑 제19장 11판♪

아버지~ 어머니~ 기다린다~
기어이~ 살아서~ 돌아와라~
맘~이~ 없어야 부모님 본~다~
인간의~ 근본은~ 왕이로다~

♪정상 아리랑 제19장 12판♪

생명주~ 내앞에~ 계시도다~
청결한~ 맘으로~ 영접하라~
육~을~ 넘어야 새 마음 본~다~
생전에~ 살아야~ 당당하다~

제20장 상봉 아리랑

♪상봉 아리랑 제20장 01판♪

내생명~ 방해꾼~ 바로나요~
자기가~ 자기를~ 막는도다~
자~기~ 지혜를 의존치 말~라~
낫놓고~ 기억도~ 모르도다~

♪상봉 아리랑 제20장 02판♪

인간은~ 하늘에~ 담을쌓고~
인간은~ 하늘에~ 등돌렸다~
인~간~ 마음은 하늘님 원~수~
어떻게~ 원수가~ 하늘갈까~

♪상봉 아리랑 제20장 03판♪

하늘님~ 나라엔~ 지옥없다~
인간이~ 가진맘~ 자기지옥~
마~음~ 없으면 지옥도 없~다~
생전에~ 지옥맘~ 탈출하라~

♪상봉 아리랑 제20장 04판♪

물속에~ 있는님~ 산에들고~
불속에~ 있는님~ 탈출하라~
맘~을~ 가지면 물불 속 이~요~
금생에~ 기필코~ 살아나라~

♪상봉 아리랑 제20장 05판♪

하늘님~ 배신자~ 오직인간~
하늘님~ 반역자~ 오직인간~
일~체~ 만물은 거역이 없~다~
하늘님~ 이기면~ 영벌된다~

♪상봉 아리랑 제20장 06판♪

이웃을~ 통곡케~ 하는자는~
영원히~ 통곡에~ 들어간다~
하~늘~ 생명을 해하지 말~라~
끝없는~ 흑암에~ 떨어진다~

♪상봉 아리랑 제20장 07판♪

인간은~ 하늘님~ 안에있다~
하늘님~ 안에서~ 단절했다~
하~늘~ 안에서 하늘님 빼~고~
하늘을~ 자기로~ 꽉채웠다~

♪상봉 아리랑 제20장 08판♪

인간은~ 귀신을~ 따라간다~
그래서~ 살길이~ 영영없다~
악~몸~ 가진 자 공중의 마~귀~
마귀의~ 권세는~ 육신이라~

♪상봉 아리랑 제20장 09판♪

높은자~ 낮은자~ 하늘없다~
있는자~ 없는자~ 하늘없다~
수~만~ 구별 맘 가지신 님~은~
결단코~ 부모님~ 못 만난다~

♪상봉 아리랑 제20장 10판♪

귀신에~ 몸주면~ 망령되고~
참신에~ 몸주면~ 생령된다~
자~기~ 정신을 잘 차린 님~은~
참신에~ 몸주고~ 하늘간다~

♪상봉 아리랑 제20장 11판♪

부모님~ 물증이~ 바로나요~
만물이~ 바란다~ 하늘아들~
자~기~ 어둠을 떨치고 나~와~
부모님~ 생명과~ 합쳐져라~

♪상봉 아리랑 제20장 12판♪

생전에~ 참부모~ 상봉하라~
부모님~ 없으면~ 어찌나나~
부~모~ 없으면 날 수가 없~다~
부모님~ 만나야~ 다시난다~

제21장 청명 아리랑

♪청명 아리랑 제21장 01판♪

부모님~ 비밀이~ 바로나요~
비밀이~ 풀리면~ 화평평화~
누~가~ 자기 맘 버리고 버~려~
풀려진~ 비밀로~ 세상날까~

♪청명 아리랑 제21장 02판♪

바다의~ 보물섬~ 바로나요~
부모님~ 영광별~ 바로나다~
나~의~ 근본은 하늘님 아~들~
가짜나~ 이기면~ 하늘열매~

♪청명 아리랑 제21장 03판♪

다죽는~ 이야기~ 하는님들~
다죽는~ 이야기~ 듣는님들~
실~로~ 속이고 속아 온 님~들~
말독에~ 빠지면~ 살길없다~

♪청명 아리랑 제21장 04판♪

나죽게~ 두는것~ 바로나요~
나살게~ 하는것~ 바로나다~
나~를~ 죽이고 살리는 일~은~
내책임~ 내결정~ 내일이다~

♪청명 아리랑 제21장 05판♪

기뻐도~ 슬프다~ 죽는님들~
마음이~ 없어야~ 안락든다~
자~기~ 감정을 가지고 살~면~
싫구나~ 좋구나~ 다가짜다~

♪청명 아리랑 제21장 06판♪

눈멀고~ 귀막은~ 어둠이여~
네무덤~ 그 안에~ 잡혔구나~
자~기~ 마음을 가지고 살~면~
마음이~ 날잡아~ 죽이도다~

♪청명 아리랑 제21장 07판♪

인간은~ 어둠속~ 흑암살고~
사람은~ 밝음속~ 광명산다~
어~둠~ 언제나 광명이 될~까~
생전에~ 무덤서~ 탈출하라~

♪청명 아리랑 제21장 08판♪

육신을~ 위해선~ 기도하고~
정신을~ 위해선~ 참회하라~
자~기~ 정신을 살리실 님~은~
통렬한~ 각오로~ 살길가라~

♪청명 아리랑 제21장 09판♪

하늘님~ 나라를~ 훔친인간~
나라를~ 도적이~ 망치도다~
인~간~ 가진 몸 하늘님 성~전~
인간은~ 성전서~ 없어져라~

♪청명 아리랑 제21장 10판♪

님가진~ 님지혜~ 님꾀로다~
님꾀가~ 님무덤~ 끌고간다~
삶~을~ 살면서 듣고 본 일~들~
생전에~ 버리면~ 죽음없다~

♪청명 아리랑 제21장 11판♪

죽는자~ 인간은~ 인간낳고~
사는자~ 사람은~ 사람난다~
당~장~ 금생에 인간 삶 끊~고~
사람길~ 들어서~ 살아나라~

♪청명 아리랑 제21장 12판♪

하늘길~ 열렸다~ 달려가라~
나살고~ 너살고~ 모두산다~
육~을~ 위한 삶 냉정히 끊~고~
참신랑~ 정신과~ 결혼하라~

제22장 해방 아리랑

♪해방 아리랑 제22장 01판♪

날개를~ 가진자~ 묶였구나~
언제나~ 펼치고~ 훨훨날까~
인~간~ 근본은 하늘의 봉~황~
날개짓~ 한번에~ 광명간다~

♪해방 아리랑 제22장 02판♪

하늘님~ 단체로~ 못만난다~
용감한~ 맘으로~ 혼자돼라~
죽~는~ 넓은 길 떨치고 나~와~
좁은길~ 생명길~ 들어서라~

♪해방 아리랑 제22장 03판♪

하늘님~ 나라에~ 사는님아~
하늘님~ 나라에~ 반역말라~
님~의~ 두 마음 님 죽는 마~음~
반역맘~ 버리고~ 항복하라~

♪해방 아리랑 제22장 04판♪

땅위에~ 넋놓고~ 사는님아~
참마음~ 찾아서~ 길떠나라~
자~기~ 마음을 가지고 살~면~
죽는것~ 사는것~ 모르도다~

♪해방 아리랑 제22장 05판♪

죽을나~ 살았다~ 정의구현~
정의란~ 오직나~ 사는거다~
죽~을~ 맘 살다 죽지를 말~고~
생전에~ 죽는맘~ 청산하라~

♪해방 아리랑 제22장 06판♪

국경선~ 지우고~ 하나돼라~
전쟁을~ 멈추고~ 화목하라~
언~제~ 세상에 평화가 올~까~
하늘맘~ 지도자~ 세상나라~

♪해방 아리랑 제22장 07판♪

넋들아~ 얼들아~ 정신들아~
님근본~ 하늘님~ 영신이다~
방~황~ 버리고 본향집 가~라~
님안에~ 님나라~ 건국하라~

♪해방 아리랑 제22장 08판♪

마음만~ 버리면~ 대자유요~
마음만~ 버리면~ 대평화다~
님~의~ 나라가 님 속에 있~다~
생전에~ 님나라~ 들어가라~

♪해방 아리랑 제22장 09판♪

경전의~ 목적은~ 오직하나~
죽은나~ 생전에~ 살림이라~
나~의~ 생전에 날 살려 주~오~
오직나~ 살려야~ 참경이다~

♪해방 아리랑 제22장 10판♪

죽는맘~ 박차고~ 일어나라~
생전에~ 가거라~ 생명나라~
허~망~ 세상에 머물지 말~고~
미련을~ 떨치고~ 하늘가라~

♪해방 아리랑 제22장 11판♪

방법이~ 없어서~ 다죽었다~
방법이~ 오시면~ 모두산다~
사~는~ 방법을 만나는 님~은~
살아서~ 하늘에~ 들어간다~

♪해방 아리랑 제22장 12판♪

탯줄을~ 끊어야~ 살아나고~
생명줄~ 잡아야~ 거듭난다~
생~명~ 하늘은 무심한 하~늘~
무심한~ 마음만~ 영영 산다~

제23장 승천 아리랑

♪승천 아리랑 제23장 01판♪

웃었다~ 울었다~ 인간마음~
사람의~ 마음은~ 요동없다~
마~음~ 정체를 정확히 알~면~
인간사~ 세상사~ 웃기도다~

♪승천 아리랑 제23장 02판♪

자기맘~ 가지면~ 댕기머리~
자기맘~ 없으면~ 상투머리~
자~기~ 마음이 없으신 님~은~
얼이요~ 얼이신~ 얼신이다~

♪승천 아리랑 제23장 03판♪

죽은자~ 죽으면~ 무덤가고~
살아서~ 죽은님~ 무덤없다~
죽~은~ 마음을 가지고 살~면~
살아도~ 산날이~ 하나없다~

♪승천 아리랑 제23장 04판♪

생전에~ 사신님~ 참된자요~
생전에~ 못살면~ 비참자라~
살~아~ 생전에 산 자가 돼~야~
참으로~ 착하고~ 착한사람~

♪승천 아리랑 제23장 05판♪

살았다~ 살았다~ 살아났다~
잘했다~ 잘했다~ 참잘했다~
자~기~ 인간 맘 청산한 님~은~
부모님~ 순종한~ 효자로다~

♪승천 아리랑 제23장 06판♪

돈으로~ 못간다~ 하늘나라~
벼슬로~ 못간다~ 생명나라~
내~맘~ 버려야 갈 수가 있~다~
하늘님~ 세상에~ 나는없다~

♪승천 아리랑 제23장 07판♪

생명주~ 목적은~ 살림이요~
이적과~ 기적이~ 아니도다~
이~적~ 기적은 나 사는 거~다~
죽은나~ 살림에~ 매진하라~

♪승천 아리랑 제23장 08판♪

인간의~ 모든말~ 거짓이요~
사람의~ 모든말~ 참말이다~
인~간~ 인생엔 별 볼일 없~다~
맘없이~ 살아야~ 별로난다~

♪승천 아리랑 제23장 09판♪

말과행~ 다르면~ 귀신이요~
말과행~ 같으면~ 참신이다~
대~체~ 하늘서 어떤 신 찾~나~
자기가~ 찾는신 자기로다~

♪승천 아리랑 제23장 10판♪

내마음~ 죽으면~ 진짜나요~
죽은맘~ 벗으면~ 사람된다~
금~생~ 아니면 다음은 없~다~
지체치~ 말고서~ 길 떠나라~

♪승천 아리랑 제23장 11판♪

찾아서~ 만나라~ 하늘부모~
부모님~ 없으면~ 어찌나랴~
자~기~ 마음이 여전한 님~은~
자기앞~ 부모님~ 못 보도다~

♪승천 아리랑 제23장 12판♪

부모님~ 만나야~ 본향가고~
본향집~ 거기서~ 거듭난다~
부~모~ 불순종 불효한 님~은~
몸잃고~ 죽은후~ 통곡한다~

제24장 만세 아리랑

♪만세 아리랑 제24장 01판♪

사는건~ 맘이요~ 몸아니요~
육신은~ 영신의~ 모양이다~
인~간~ 마음은 요망한 여~우~
여우에~ 홀려서~ 죽지말라~

♪만세 아리랑 제24장 02판♪

인간맘~ 진멸할~ 남녀노소~
사람맘~ 젖과꿀~ 흐르는땅~
자~기~ 마음 속 수 억만 조~상~
귀신이~ 없어야~ 옥토된다~

♪만세 아리랑 제24장 03판♪

자기몸~ 나오면~ 출가한님~
세상에~ 나오면~ 출세한님~
지~상~ 낙원에 사시는 님~들~
제몸에~ 갇혀서~ 모르도다~

♪ 만세 아리랑 제24장 04판 ♪

내마음~ 탈탈탈~ 털어내고~
하늘맘~ 꽉차면~ 본향간다~
본~향~ 거기서 새 몸을 받~아~
영영한~ 몸으로~ 다시난다~

♪ 만세 아리랑 제24장 05판 ♪

굶겨서~ 죽이라~ 자기마음~
내마음~ 없어야~ 진짜아들~
님~의~ 육신만 위하지 말~고~
마음속~ 속사람~ 살려내라~

♪ 만세 아리랑 제24장 06판 ♪

지금껏~ 속고만~ 살았구나~
서로가~ 속이고~ 속았구나~
어~찌~ 죽는걸 당연히 아~나~
사람은~ 살려고~ 세상났다~

♪만세 아리랑 제24장 07판♪

맘있는~ 인간은~ 못난자식~
맘없는~ 사람은~ 잘난아들~
살~아~ 생전에 살아난 님~은~
땅세상~ 천세상~ 왕이로다~

♪만세 아리랑 제24장 08판♪

지금생~ 죽는나~ 이판사판~
지금생~ 사는나~ 이판생판~
오~직~ 단 한번 한 일생 이~니~
기어이~ 살아서~ 고향가라~

♪만세 아리랑 제24장 09판♪

인간맘~ 악순환~ 죽고죽고~
사람맘~ 선순환~ 살고산다~
금~생~ 악 순환 고리를 끊~고~
선순환~ 들어서~ 영영살라~

♪만세 아리랑 제24장 10판♪

인간삶~ 꿈중의~ 꿈속이다~
몸없음~ 꿈속서~ 못나온다~
마~음~ 가지면 꿈속 삶 이~니~
생전에~ 꿈속서~ 탈출하라~

♪만세 아리랑 제24장 11판♪

님훔친~ 생명은~ 하늘영혼~
자기것~ 아닌데~ 팔아먹나~
인~간~ 심보는 도둑놈 심보~~
강도야~ 그몸서~ 사라져라~

♪만세 아리랑 제24장 12판♪

장관님~ 의원님~ 돈값하라~
집주고~ 밥주고~ 편케하라~
나~라~ 전체를 세세히 살~펴~
온국민~ 평안을~ 보장하라~

제25장 창탄 아리랑

♪창탄 아리랑 제25장 01판♪

인간맘~ 죽는삶~ 사적생활~
사람맘~ 사는삶~ 공적생활~
영~영~ 기회는 단 한번 이~니~
인간맘~ 이기고~ 살아나라~

♪창탄 아리랑 제25장 02판♪

하늘뜻~ 죽는맘~ 버리는것~
하늘일~ 죽는맘~ 없애는것~
생~명~ 하늘님 한 가지 소~원~
님들아~ 생전에~ 참님돼라~

♪창탄 아리랑 제25장 03판♪

존귀의~ 가림막~ 인간마음~
인간의~ 근본맘~ 천하존귀~
인~간~ 귀신이 차지한 몸~은~
하늘님~ 몸이요~ 신전이다~

♪창탄 아리랑 제25장 04판♪

자기맘~ 가지면~ 악의화신~
자기맘~ 없으면~ 선의화신~
인~간~ 언제나 사람이 될~까~
인간아~ 변하여~ 사람돼라~

♪창탄 아리랑 제25장 05판♪

죽는맘~ 가지면~ 악인이요~
사는맘~ 가지면~ 선인이라~
살~아~ 생전에 예복을 입~고~
신들의~ 나라에~ 들어가라~

♪창탄 아리랑 제25장 06판♪

사느냐~ 죽느냐~ 마음문제~
마음만~ 없으면~ 죽음없다~
제~맘~ 가지면 살 수가 없~다~
마음을~ 버려야~ 영영산다~

♪창탄 아리랑 제25장 07판♪

선악과~ 먹어야~ 문명나고~
문명이~ 나와야~ 사람난다~
인~생~ 육 수명 길지가 않~다~
서둘러~ 생명길~ 들어서라~

♪창탄 아리랑 제25장 08판♪

살리고~ 살려서~ 보물돼라~
구하고~ 구하라~ 천하보물~
자~기~ 사랑에 빠지신 님~은~
자기의~ 보물을~ 못 찾도다~

♪창탄 아리랑 제25장 09판♪

별하나~ 나하나~ 생이로다~
생전에~ 사는님~ 생생한별~
하~늘~ 가득히 떠 있는 별~은~
영영한~ 사람의~ 표징이다~

♪창탄 아리랑 제25장 10판♪

공중에~ 망령들~ 가득하다~
자기맘~ 살리면~ 망령난다~
님~의~ 인간 맘 다 없어 지~면~
생전에~ 살아서~ 생령된다~

♪창탄 아리랑 제25장 11판♪

똑같은~ 일들을~ 반복하면~
똑같은~ 결과물~ 얻는도다~
옛~것~ 버려야 새 것이 된~다~
새것을~ 위하여~ 혁신하라~

♪창탄 아리랑 제25장 12판♪

행함이~ 없으면~ 열매없다~
행하여~ 얻는것~ 생명열매~
생~명~ 열매는 깨끗한 마~음~
깨끗한~ 마음만~ 영영산다~

제26장 진리 아리랑

♪진리 아리랑 제26장 01판♪

왕자님~ 겉옷을~ 입혔더니~
왕궁을~ 까맣게~ 잊었구나~
인~간~ 마음은 껍데기 겉~옷~
겉옷을~ 떨쳐야~ 왕궁간다~

♪진리 아리랑 제26장 02판♪

간단히~ 살아라~ 인생살이~
잠깐만~ 있다가~ 하늘가라~
사~람~ 위하여 인간이 났~다~
인간을~ 이기고~ 사람돼라~

♪진리 아리랑 제26장 03판♪

살아서~ 가거라~ 생명나라~
살아서~ 가야만~ 무사귀환~
무~덤~ 가는 자 뒤 쫓지 말~고~
사는님~ 따라서~ 하늘가라~

♪진리 아리랑 제26장 04판♪

영생삶~ 위하여~ 사람났다~
생전에~ 님죽음~ 해결하라~
삶~의~ 목적은 사는것 이~니~
죽는다~ 죽는다~ 하지말라~

♪진리 아리랑 제26장 05판♪

먹을것~ 입을것~ 누가주나~
거주집~ 온갖것~ 누가주나~
자~기~ 이웃에 거만한 님~은~
참으로~ 불쌍한~ 싸가지다~

♪진리 아리랑 제26장 06판♪

내맘속~ 귀신이~ 날잡는다~
내귀신~ 멸해야~ 님이산다~
인~간~ 죽어야 사람이 난~다~
하루를~ 살아도~ 참삶살라~

♪진리 아리랑 제26장 07판♪

날개를~ 누르고~ 앉은님아~
네맘이~ 무거워~ 못날구나~
마~음~ 버리고 날개를 펴~라~
날개를~ 펼치고~ 펄펄날라~

♪진리 아리랑 제26장 08판♪

내보물~ 내안에~ 들어있고~
잠긴문~ 열쇠는~ 바로나다~
자~기~ 마음이 가득한 님~은~
보물도~ 열쇠도~ 모르도다~

♪진리 아리랑 제26장 09판♪

몸가진~ 인간은~ 갑이고요~
몸없는~ 하늘님~ 을이로다~
공~중~ 하늘서 몸 가진 인~간~
인간을~ 이기는~ 신은없다~

♪진리 아리랑 제26장 10판♪

쳐다만~ 보는님~ 성공없고~
듣기만~ 듣는님~ 열매없다~
당~장~ 경기장 선수가 되~어~
기필코~ 싸워서~ 승리하라~

♪진리 아리랑 제26장 11판♪

집었다~ 던졌다~ 하지말라~
과일상~ 속마음~ 검게탄다~
절~대~ 이웃을 못 살게 말~라~
착한정~ 가지고~ 함께살라~

♪진리 아리랑 제26장 12판♪

술먹고~ 자동차~ 운전하면~
평생을~ 가두고~ 방면말라~
사~람~ 죽이려 작정을 했~다~
귀하고~ 귀한게~ 생명이다~

제27장 자유 아리랑

♪자유 아리랑 제27장 01판♪

말마귀~ 설마귀~ 횡설수설~
설마가~ 사람을~ 잡는구나~
설~마~ 죽어야 참말이 산~다~
생전에~ 참말로~ 다시나라

♪자유 아리랑 제27장 02판♪

내마음~ 없으면~ 정한신부~
내마음~ 가지면~ 간음신부~
하~늘~ 신랑은 무심한 신~랑~
유심한~ 인간은~ 부정하다~

♪자유 아리랑 제27장 03판♪

쉽게도~ 속는다~ 잘속는다~
불쌍타~ 가엾다~ 바보구나~
나~는~ 없도다 있어도 없~어~
진짜를~ 모른다~ 천하맹꽁~

♪자유 아리랑 제27장 04판♪

하늘님~ 인간이~ 무섭도다~
인간이~ 무서워~ 못오신다~
천~하~ 인간을 그 누가 꺾~나~
하늘님~ 이기면~ 다 죽는다~

♪자유 아리랑 제27장 05판♪

자기맘~ 가진님~ 죽을고생~
자기맘~ 없는님~ 평생평화~
오~직~ 짱짱한 마음이 문~제~
마음만~ 없으면~ 정답된다~

♪자유 아리랑 제27장 06판♪

자기가~ 만든맘~ 자기무덤~
알터져~ 죽는다~ 맘잡아라~
자~기~ 무덤서 죽어진 님~아~
무덤을~ 이기고~ 풀려나라~

♪자유 아리랑 제27장 07판♪

인간맘~ 버려야~ 명철난다~
잘난맘~ 못난맘~ 다버려라~
마~음~ 버리면 저절로 안~다~
버리고~ 버리면~ 살판난다~

♪자유 아리랑 제27장 08판♪

자기맘~ 가지면~ 갈곳없다~
자기맘~ 드리고~ 살아나라~
진~짜~ 제사는 나 죽는 제~사~
철저히~ 죽어야~ 맘이산다~

♪자유 아리랑 제27장 09판♪

자기맘~ 가지면~ 소경이다~
소경을~ 따르면~ 다죽는다~
나~는~ 누구를 따라서 가~나~
사람을~ 따라야~ 사람된다~

♪ 자유 아리랑 제27장 10판 ♪

인간은~ 앵무새~ 종달이요~
사람은~ 하늘새~ 봉황이다~
한~입~ 가지고 여러 말 하~면~
그중에~ 진짜말~ 하나없다~

♪ 자유 아리랑 제27장 11판 ♪

날아서~ 갈건가~ 하늘나라~
날개가~ 없는데~ 어찌가나~
물~속~ 용궁은 어떻게 가~나~
아가미~ 없는데~ 어찌가나~

♪ 자유 아리랑 제27장 12판 ♪

마음을~ 가진님~ 논밭피요~
마음을~ 버린님~ 실곡이다~
생~명~ 하늘님 멀지가 않~다~
마음만~ 없으면~ 생명된다~

제28장 광복 아리랑

♪광복 아리랑 제28장 01판♪

마음이~ 종된님~ 하늘보고~
마음이~ 왕된님~ 하늘된다~
왕~된~ 마음을 가지신 님~은~
이세상~ 저세상~ 왕이로다~

♪광복 아리랑 제28장 02판♪

인간은~ 자기가~ 자기영광~
온영광~ 자기가~ 받는도다~
어~떤~ 영광도 돌릴 것 없~다~
언제나~ 자기만~ 위하도다~

♪광복 아리랑 제28장 03판♪

열길속~ 물길은~ 그냥열길~
한길속~ 인간맘~ 천길만길~
이~리~ 속 마음 음침한 님~이~
어떻게~ 하늘님~ 영접할까~

♪광복 아리랑 제28장 04판♪

자기만~ 아는님~ 나쁜자요~
자기밖~ 모르는~ 맹꽁이라~
자~기~ 마음 속 갇혀진 님~은~
안이고~ 밖이고~ 모르도다~

♪광복 아리랑 제28장 05판♪

자기맘~ 가지면~ 고집불통~
소귀에~ 경읽기~ 하늘불통~
자~기~ 마음이 가득한 님~은~
몸죽은~ 후에는~ 갈데없다~

♪광복 아리랑 제28장 06판♪

사기꾼~ 뱀이다~ 조심하라~
물리면~ 죽는다~ 경계하라~
정~말~ 좋으면 왜 내게 주~나~
친절한~ 악마에~ 속지말라~

♪광복 아리랑 제28장 07판♪

거창한~ 음악에~ 동요말고~
장엄한~ 하늘에~ 칭칭나라~
살~아~ 생전에 죽었다 살~면~
하늘에~ 웅대한~ 노래된다~

♪광복 아리랑 제28장 08판♪

흉하고~ 악하다~ 인간마음~
생명이~ 없는몸~ 허수아비~
자~기~ 정신을 어디에 팔~고~
귀신에~ 몸주고~ 붙어사나~

♪광복 아리랑 제28장 09판♪

자기맘~ 가지면~ 정신없다~
정신줄~ 놓치면~ 죽는거다~
살~아~ 생전에 죽는 줄 놓~고~
찾아서~ 잡아라~ 생명밧줄~

♪광복 아리랑 제28장 10판♪

귀신에~ 끌린다~ 인간마음~
죽는줄~ 모르고~ 가는구나~
정~신~ 홀리면 정신이 없~다~
자기를~ 멈출자~ 바로자기~

♪광복 아리랑 제28장 11판♪

세상에~ 진리가~ 계시도다~
기어이~ 만나서~ 진리돼라~
나~를~ 생전에 살리신 님~이~
진짜요~ 진리요~ 참이시다~

♪광복 아리랑 제28장 12판♪

진짜를~ 만나면~ 진짜된다~
진짜가~ 안되면~ 다가짜다~
죽~은~ 다음에 보자고 하~면~
볼것도~ 없도다~ 돌아서라~

제29장 사랑 아리랑

♪사랑 아리랑 제29장 01판♪

물처럼~ 살아야~ 자유하다~
거슬림~ 버리고~ 흘러가라~
잠~깐~ 있다가 없어질 것~들~
세상에~ 미련을~ 주지말라~

♪사랑 아리랑 제29장 02판♪

사랑은~ 오직나~ 버리는것~
사랑에~ 나없다~ 나는없다~
오~직~ 나의 맘 버리고 버~려~
사랑의~ 대상에~ 들어가라~

♪사랑 아리랑 제29장 03판♪

인간들~ 심판은~ 인간끼리~
인간을~ 만날일~ 결코없다~
자~기~ 마음을 가지신 님~은~
영영히~ 하늘님~ 못 보도다~

♪ 사랑 아리랑 제29장 04판 ♪

줄줄이~ 죽는다~ 인생살이~
알알이~ 열린다~ 생명열매~
살~아~ 생전에 다 죽고 살~면~
자기의~ 할일을~ 다 했도다~

♪ 사랑 아리랑 제29장 05판 ♪

인간은~ 하늘님~ 그림자요~
사람은~ 하늘님~ 실물이다~
살~아~ 생전에 실체가 되~라~
사람은~ 죽음이~ 결코없다~

♪ 사랑 아리랑 제29장 06판 ♪

두껍아~ 두껍아~ 헌집줄게~
두껍아~ 두껍아~ 새집다오~
업~습~ 두껍다 두껍이 인~간~
헌집맘~ 버리고~ 새집돼라~

♪사랑 아리랑 제29장 07판♪

실없어~ 웃는다~ 슬픈웃음~
더없이~ 서럽다~ 죽는인생~
자~기~ 죽은 맘 가지고 살~면~
천만년~ 살아도~ 산적없다~

♪사랑 아리랑 제29장 08판♪

죽는님~ 서럽고~ 서럽도다~
자기를~ 이기고~ 대웅돼라~
님~은~ 살려고 세상에 왔~다~
생전에~ 님죽음~ 종결하라~

♪사랑 아리랑 제29장 09판♪

욕심을~ 살려서~ 죽지말고~
욕심을~ 죽이고~ 님살려라~
평~생~ 자기만 위해서 살~면~
하늘님~ 생명을~ 잃는도다~

♪사랑 아리랑 제29장 10판♪

믿어라~ 믿는다~ 하지말고~
믿는자~ 믿음과~ 하나돼라~
밖~에~ 떨어져 부르지 말~고~
그속에~ 들어가~ 없어져라~

♪사랑 아리랑 제29장 11판♪

나살게~ 해주면~ 참경이요~
맘죽여~ 주시면~ 생명주다~
실~로~ 악한 것 마음뿐 이~니~
마음만~ 없으면~ 해탈이다~

♪사랑 아리랑 제29장 12판♪

하늘님~ 세글자~ 저장말고~
자기맘~ 비우고~ 영접하라~
그~저~ 말로 만 순종치 말~고~
깨끗한~ 맘으로~ 영접하라~

제30장 불멸 아리랑

♪불멸 아리랑 제30장 01판♪

날위한~ 마음만~ 다버리면~
평생에~ 싸울일~ 일체없다~
항~상~ 날 위한 마음이 문~제~
원수인~ 내맘아~ 죽어져라~

♪불멸 아리랑 제30장 02판♪

생전에~ 진리로~ 다시나라~
죽음을~ 이긴님~ 진리로다~
살~아~ 생전에 진리가 되~라~
진실과~ 진리는~ 사는거다~

♪불멸 아리랑 제30장 03판♪

어디서~ 잘난척~ 거만인가~
자기맘~ 가지면~ 땅거지다~
자~기~ 마음에 묶여진 님~아~
생전에~ 결박서~ 풀려나라~

♪불멸 아리랑 제30장 04판♪

마음뺄~ 방법이~ 어디있나~
마음뺄~ 방법이~ 날살린다~
인~간~ 마음속 수 억만 귀~신~
참부모~ 만나야~ 해결된다~

♪불멸 아리랑 제30장 05판♪

자궁서~ 나온나~ 다버리고~
참부모~ 만나서~ 다시나라~
핏~줄~ 넘어야 광명에 든~다~
살아서~ 못살면~ 다 헛되다~

♪불멸 아리랑 제30장 06판♪

문제는~ 답이다~ 해결된다~
투철한~ 맘으로~ 돌격하라~
약~해~ 빠진 맘 쓸 수가 없~다~
기어이~ 정상에~ 우뚝서라~

♪불멸 아리랑 제30장 07판♪

탐심을~ 만만히~ 보지말라~
그누가~ 탐심을~ 이겼던가~
방~법~ 만나야 이김이 있~다~
참부모~ 만나야~ 길 열린다~

♪불멸 아리랑 제30장 08판♪

죽을자~ 살았다~ 경천동지~
놀랄일~ 하나다~ 사람났다~
오~직~ 세상에 놀랄 일 하~나~
죽은나~ 생전에~ 사는거다~

♪불멸 아리랑 제30장 09판♪

시체가~ 북망산~ 쌓였도다~
사선을~ 넘어서~ 살아나라~
공~중~ 하늘에 수 십억 망~령~
살방법~ 없어서~ 다 죽었다~

♪불멸 아리랑 제30장 10판♪

악밖에~ 남은게~ 없다말고~
그악을~ 버리고~ 살아나라~
인~간~ 마음엔 악밖에 없~다~
악마음~ 버려야~ 살아난다~

♪불멸 아리랑 제30장 11판♪

부모님~ 터준다~ 생명살길~
님할일~ 님해야~ 님이산다~
공~짜~ 생명은 당연히 없~다~
어렵지~ 않도다~ 시작하라~

♪불멸 아리랑 제30장 12판♪

이웃의~ 금전을~ 강탈한자~
가두고~ 열배로~ 갚게하라~
인~간~ 세상에 금전은 목~숨~
해결전 결단코 풀지말라~

제31장 진심 아리랑

♪진심 아리랑 제31장 01판♪

내님과~ 떨어져~ 사랑말고~
내님과~ 하나로~ 뭉쳐져라~
사~랑~ 타령엔 사랑이 없~다~
무심한~ 마음만~ 사랑이다~

♪진심 아리랑 제31장 02판♪

영원히~ 사는꽃~ 무궁화꽃~
영원히~ 사는새~ 봉황이라~
님~을~ 위하여 사람이 났~다~
사람아~ 세상에~ 등장하라~

♪진심 아리랑 제31장 03판♪

말은곧~ 칼이다~ 죽고산다~
절대로~ 삼가고~ 조심하라~
하~늘~ 마음서 하늘 말 난~다~
예쁜말~ 고운말~ 골라써라~

♪진심 아리랑 제31장 04판♪

죽는맘~ 가지면~ 노란싹수~
죽는맘~ 버려야~ 생명씨앗~
결~코~ 사람은 죽는 것 없~다~
사람은~ 살려고~ 세상왔다~

♪진심 아리랑 제31장 05판♪

자기맘~ 가진님~ 꼭두각시~
자기맘~ 가진님~ 허수아비~
자~기~ 마음을 버리고 살~면~
참기쁨~ 참자유~ 누리도다~

♪진심 아리랑 제31장 06판♪

하늘몸~ 강탈한~ 아바타야~
잠깐도~ 진짜가~ 아니도다~
하~늘~ 몸 속에 허깨비 산~다~
인간은~ 정신이~ 하나없다~

♪진심 아리랑 제31장 07판♪

하늘님~ 어디나~ 계시지만~
인간맘~ 그속엔~ 님이없다~
인~간~ 마음엔 하늘님 없~다~
그래서~ 찾고또~ 찾는도다~

♪진심 아리랑 제31장 08판♪

정든님~ 오시길~ 기원말고~
정든님~ 찾아서~ 상봉하라~
인~간~ 마음엔 오실 수 없~다~
내맘이~ 없어야~ 님이온다~

♪진심 아리랑 제31장 09판♪

단한번~ 생이다~ 다시없다~
결단코~ 금생에~ 살아나라~
하~늘~ 가는 일 미루지 말~라~
최우선~ 일이다~ 하늘가라~

♪진심 아리랑 제31장 10판♪

자기맘~ 가지면~ 애송이요~
자기맘~ 가지면~ 철부지다~
자~기~ 마음을 가지고 살~면~
어둡고~ 무서운~ 이무기다~

♪진심 아리랑 제31장 11판♪

노예맘~ 버리고~ 자주하고~
죽는맘~ 버리고~ 자립하라~
하~늘~ 나라에 종들은 없~다~
하늘님~ 나라는~ 왕들나라~

♪진심 아리랑 제31장 12판♪

님생겨~ 달라고~ 빌지말고~
속사람~ 님으로~ 드러내라~
자~기~ 마음을 그대로 두~면~
영원히~ 빌어도~ 님은없다~

제32장 보물 아리랑

♪보물 아리랑 제32장 01판♪

무심한~ 육신은~ 천천세요~
무심한~ 마음은~ 만만세라~
살~아~ 생전에 다시 나 살~면~
생명의~ 우주에~ 광명한별~

♪보물 아리랑 제32장 02판♪

별보기~ 어렵다~ 별이없다~
생전에~ 산자는~ 별이로다~
인~간~ 씨앗아 열매가 되~라~
사람아~ 하늘에~ 발현하라~

♪보물 아리랑 제32장 03판♪

추억을~ 가지면~ 죽는도다~
추억을~ 버리고~ 훨훨날라~
자~기~ 추억이 자기의 무~덤~
추억이~ 내살길~ 막는도다~

♪보물 아리랑 제32장 04판♪

인간맘~ 우습게~ 알지말라~
수십억~ 조상이~ 들었도다~
업~습~ 자기 몸 이기는 님~은~
생전에~ 살아서~ 하늘간다~

♪보물 아리랑 제32장 05판♪

죽는맘~ 이기고~ 살아나라~
자기맘~ 없으면~ 영생불멸~
하~늘~ 부모님 만나는 님~은~
복중의~ 복이요~ 참 복이다~

♪보물 아리랑 제32장 06판♪

덧셈에~ 덧셈은~ 영영죽고~
뺄셈에~ 뺄셈은~ 영영산다~
듣~고~ 보는 것 쌓지를 말~고~
버리고~ 버리면~ 살아난다~

♪보물 아리랑 제32장 07판♪

생전에~ 살아서~ 참복돼라~
자기를~ 이긴님~ 참복이다~
인~간~ 삶 중의 복 중의 복~은~
자기의~ 생명을~ 살린사람~

♪보물 아리랑 제32장 08판♪

오로지~ 기적은~ 이것이니~
죽은나~ 사는게~ 기적이다~
과~연~ 그 누가 기적이 될~까~
생명주~ 만나서~ 살아나라~

♪보물 아리랑 제32장 09판♪

죽는맘~ 이기면~ 불사조다~
살아서~ 살아야~ 하늘간다~
자~기~ 마음을 다 버린 님~은~
결단코~ 영원히~ 죽음없다~

♪보물 아리랑 제32장 10판♪

살희망~ 없도다~ 인간마음~
쨍하고~ 해뜰날~ 만들어라~
자~기~ 생명을 망실치 말~고~
기어이~ 살아서~ 하늘가라~

♪보물 아리랑 제32장 11판♪

인간의~ 근본은~ 얼인이다~
얼이다~ 신이다~ 얼신이다~
자~기~ 마음이 청결한 님~은~
철에든~ 얼이신~ 어른이다~

♪보물 아리랑 제32장 12판♪

가득히~ 채우라~ 생명마음~
풍성히~ 가지라~ 우주마음~
자~기~ 마음이 깨끗한 님~은~
생명인~ 우주의~ 생명이다~

제33장 고향 아리랑

♪고향 아리랑 제33장 01판♪

님영혼~ 안녕히~ 계시는가~
안식에~ 드신님~ 안녕이다~
조~상~ 대대로 전해진 안~녕~
님들아~ 살아서~ 안녕돼라~

♪고향 아리랑 제33장 02판♪

인간삶~ 모든일~ 사사롭고~
사람삶~ 모든일~ 공공이다~
헛~된~ 인생 삶 사시는 님~은~
살아도~ 산날이~ 하나없다~

♪고향 아리랑 제33장 03판♪

어중이~ 떠중이~ 인간이요~
구렁이~ 백여우~ 인간이라~
자~기~ 마음에 자기만 가~득~
하늘님~ 모실맘~ 전연없다~

♪고향 아리랑 제33장 04판♪

죽음을~ 이기고~ 생환하라~
헛된삶~ 버리고~ 참에들라~
무~사~ 귀환이 원이신 님~은~
생전에~ 죽었다~ 다시나라~

♪고향 아리랑 제33장 05판♪

인간은~ 빛잃고~ 영영어둠~
사람은~ 대광명~ 영영자유~
인~간~ 육신에 속지를 말~고~
죽었다~ 살아나~ 창대하라~

♪고향 아리랑 제33장 06판♪

슬프고~ 서럽다~ 인간마음~
기쁘고~ 즐겁다~ 사람마음~
하~늘~ 나라에 쾌지나 칭~칭~
제죽음~ 이겨낸~ 사람이다~

♪고향 아리랑 제33장 07판♪

가짜는~ 결국엔~ 죽을자요~
진짜는~ 결단코~ 죽음없다~
자~기~ 생전에 살아난 님~은~
이세상~ 저세상~ 따로없다~

♪고향 아리랑 제33장 08판♪

마음을~ 가지면~ 천하맹꽁~
마음을~ 버리면~ 일체통찰~
자~기~ 마음을 다 버린 님~은~
땅하늘~ 모를것~ 일체없다~

♪고향 아리랑 제33장 09판♪

몸따로~ 맘따로~ 둘아니요~
이세상~ 저세상~ 따로없다~
자~기~ 마음을 모르는 님~은~
온곳도~ 갈곳도~ 모르도다~

♪고향 아리랑 제33장 10판♪

나살길~ 기어이~ 찾아내라~
참부모~ 만나서~ 만세돼라~
악~맘~ 죽어야 본 맘이 산~다~
어둠을~ 나와서~ 광명살라~

♪고향 아리랑 제33장 11판♪

인간은~ 제각각~ 망령나고~
사람은~ 제각각~ 생령난다~
천~하~ 귀한 몸 죽이지 말~고~
생전에~ 하늘과~ 하나돼라~

♪고향 아리랑 제33장 12판♪

마음을~ 가지면~ 슬픔되고~
마음을~ 버리면~ 기쁨된다~
자~기~ 세상을 가지신 님~은~
부모님~ 나라에~ 못 가도다~

제34장 기쁨 아리랑

♪기쁨 아리랑 제34장 01판♪

죽는자~ 못간다~ 하늘나라~
사는자~ 생전에~ 가고본다~
살~아~ 생전에 집 완성 하~고~
생전에~ 하늘집~ 들어가라~

♪기쁨 아리랑 제34장 02판♪

진리가~ 되어라~ 살아생전~
자기만~ 이기면~ 진리로다~
고~향~ 가신 님 새 몸을 받~아~
새하늘~ 새땅에~ 다시난다~

♪기쁨 아리랑 제34장 03판♪

인간은~ 죽도록~ 기원하고~
사람은~ 생명책~ 등재한다~
금~생~ 아니면 다음 생 없~다~
자기의~ 생명을~ 확증하라~

♪기쁨 아리랑 제34장 04판♪

하늘에~ 공짜로~ 갈수없다~
김칫국~ 마실일~ 전연없다~
공~짜~ 하늘엔 하늘님 없~다~
자기피~ 흘려야~ 자기산다~

♪기쁨 아리랑 제34장 05판♪

마음을~ 가지면~ 귀신이요~
마음이~ 없으면~ 참신이다~
하~늘~ 나라는 신들의 나~라~
신아닌~ 님들은~ 갈수없다~

♪기쁨 아리랑 제34장 06판♪

마음을~ 가지면~ 평생노예~
마음을~ 버리면~ 왕이로다~
하~늘~ 마음이 만땅인 님~은~
생사의~ 늪에서~ 벗어났다~

♪기쁨 아리랑 제34장 07판♪

생전에~ 살아야~ 잘한자요~
생전에~ 못살면~ 잘못한자~
님~의~ 생전에 단 하나 할~일~
당당한~ 아들로~ 하늘가라~

♪기쁨 아리랑 제34장 08판♪

사랑은~ 상대가~ 우선이요~
매항상~ 상대가~ 상전이다~
나~를~ 버리고 버리고 버~려~
사랑의~ 대상속~ 없어져라~

♪기쁨 아리랑 제34장 09판♪

어디로~ 갈생각~ 하지말고~
만들어~ 가지라~ 님의나라~
님~은~ 님 밖에 난 적이 없~다~
하늘속~ 내집은~ 바로나다~

♪기쁨 아리랑 제34장 10판♪

인간맘~ 도끼에~ 죽지말고~
우주맘~ 영혼과~ 하나돼라~
자~기~ 할 일을 자기가 하~라~
피땀을~ 흘려야~ 하늘간다~

♪기쁨 아리랑 제34장 11판♪

하늘님~ 내앞에~ 서계셔도~
자기맘~ 가지면~ 못보도다~
자~기~ 마음이 가득한 님~아~
님마음~ 버려야~ 님만난다~

♪기쁨 아리랑 제34장 12판♪

사랑엔~ 나없다~ 나는없다~
사랑엔~ 나없다~ 나는없다~
나~를~ 가지면 사랑은 없~다~
사랑엔~ 나없다~ 나는없다~

제35장 염광 아리랑

♪염광 아리랑 제35장 01판♪

잘났다~ 못났다~ 다거짓말~
즐겁다~ 슬프다~ 없는마음~
우~주~ 마음엔 일체가 없~다~
인간이~ 하는말~ 다헛소리~

♪염광 아리랑 제35장 02판♪

산과들~ 있어야~ 사람살고~
강바다~ 있어야~ 우리산다~
사~람~ 위하여 만물이 있~다~
사람이~ 하늘님~ 영광이다~

♪염광 아리랑 제35장 03판♪

내마음~ 가지면~ 나의세상~
내가족~ 내나라~ 모두내것~
하~늘~ 몸으로 귀신 짓 말~고~
정신을~ 차리고~ 살아나라~

♪염광 아리랑 제35장 04판♪

나하나~ 있어서~ 만국고통~
나하나~ 없으면~ 만국평화~
원~수~ 인간들 언제나 죽~어~
하늘님~ 나라에~ 사람날까~

♪염광 아리랑 제35장 05판♪

마음을~ 가지면~ 모두가짜~
마음을~ 버리면~ 모두진짜~
가~짜~ 죽어야 진짜가 산~다~
가짜야~ 우주서~ 사라져라~

♪염광 아리랑 제35장 06판♪

가짜는~ 있다가~ 없어지고~
진짜는~ 영원히~ 변함없다~
참~된~ 사람은 세월이 없~다~
사람의~ 생명은~ 영영하다~

♪염광 아리랑 제35장 07판♪

맘가진~ 인간은~ 어둠의딸~
맘없는~ 사람은~ 광명아들~
자~기~ 생전에 죽었다 살~면~
신세상~ 신나라~ 신선이다~

♪염광 아리랑 제35장 08판♪

버티고~ 버티면~ 망령되고~
버리고~ 버리면~ 생령된다~
망~령~ 귀신은 갈 곳이 없~다~
생전에~ 하늘집~ 완성하라~

♪염광 아리랑 제35장 09판♪

일체가~ 우주서~ 나오도다~
우주가~ 생명의~ 근원이다~
우~주~ 창조주 만물의 부~모~
영영한~ 하늘님~ 우주시라~

♪염광 아리랑 제35장 10판♪

인생은~ 헛되고~ 다헛되다~
헛된삶~ 이기고~ 참에들라~
자~기~ 생과 사 자기가 결~정~
기어이~ 살아나~ 하늘가라~

♪염광 아리랑 제35장 11판♪

유심한~ 인간은~ 죽어지고~
무심한~ 사람은~ 영영난다~
하~늘~ 나라는 무심한 나~라~
자기맘~ 없어야~ 하늘간다~

♪염광 아리랑 제35장 12판♪

사랑은~ 참으로~ 온유하다~
결단코~ 성내지~ 아니한다~
나~를~ 가지면 고결치 않~다~
여기나~ 저기나~ 나는없다~

제36장 물불 아리랑

♪물불 아리랑 제36장 01판♪

씻어선~ 안된다~ 뒤집어라~
뒤집어~ 안된다~ 새것써라~
너~무~ 더러워 쓸 수가 없~다~
하늘님~ 만나면~ 새것준다~

♪물불 아리랑 제36장 02판♪

책임을~ 다하여~ 생존하라~
안죽고~ 사는게~ 책임이다~
나~의~ 책임은 내 생명 책~임~
죽은나~ 생전에~ 살려내라~

♪물불 아리랑 제36장 03판♪

이런말~ 저런말~ 필요없다~
내생명~ 죽으면~ 모두헛짓~
하~늘~ 간다고 타령을 말~고~
살아서~ 신세상~ 들어가라~

♪물불 아리랑 제36장 04판♪

날마다~ 죽으라~ 나는없다~
쉼없이~ 죽으라~ 나는없다~
귀~신~ 살아서 요 모양 요~꼴~
미친 나~ 없어야~ 살판난다~

♪물불 아리랑 제36장 05판♪

살아라~ 살아라~ 살아나라~
결단코~ 생전에~ 살아나라~
생~명~ 향한 길 멈추지 말~고~
살아서~ 들으라~ 우주나라~

♪물불 아리랑 제36장 06판♪

인간은~ 허상에~ 속아살고~
인간은~ 꿈속에~ 살고있다~
마~음~ 망상 서 죽지들 말~고~
생전에~ 실세상~ 다시나라~

♪물불 아리랑 제36장 07판♪

맘가진~ 인간은~ 무덤가고~
맘없는~ 사람은~ 승천한다~
자~기~ 마음을 가지고 살~면~
하늘땅~ 생과사~ 모르도다~

♪물불 아리랑 제36장 08판♪

인간은~ 참으로~ 기이하다~
인간은~ 신들린~ 귀신이다~
신~의~ 한 수는 귀신의 한~수~
인간이~ 실권세~ 가졌도다~

♪물불 아리랑 제36장 09판♪

버려라~ 버려라~ 원수마음~
빈마음~ 참마음~ 훨훨난다~
인~간~ 마음은 반역자 마~음~
역적이~ 하늘을~ 어찌가나~

♪물불 아리랑 제36장 10판♪

성인님~ 오신날~ 본을받아~
님또한~ 생전에~ 탄신하라~
님~을~ 본 받아 죽이고 죽~어~
생전에~ 다죽고~ 다시나라~

♪물불 아리랑 제36장 11판♪

살아서~ 왔구나~ 생명아들~
잘했다~ 잘했다~ 잔치하자~
살~아~ 생전에 살아서 가~자~
산우주~ 산자만~ 받는도다~

♪물불 아리랑 제36장 12판♪

사랑은~ 일체를~ 수용한다~
분별심~ 내맘에~ 일체없다~
진~짜~ 사랑은 나 없는 사~랑~
내사랑~ 그앞에~ 나는없다~

제37장 영신 아리랑

♪영신 아리랑 제37장 01판♪

잠속에~ 있는님~ 잠을깨라~
인간맘~ 버려야~ 생시된다~
인~간~ 마음은 꿈속인 세~상~
기어이~ 금생에~ 생시나라~

♪영신 아리랑 제37장 02판♪

세상에~ 별일은~ 딱하나요~
나살아~ 나는게~ 별일이다~
자~기~ 맘 안고 죽어진 님~은~
별볼일~ 없는삶~ 살았도다~

♪영신 아리랑 제37장 03판♪

자기를~ 살리는~ 살림살이~
하늘님~ 뜻이요~ 일이로다~
나~를~ 생전에 살리는 님~은~
부모님~ 제몸에~ 모시었다~

♪영신 아리랑 제37장 04판♪

기쁘고~ 기쁘고~ 기쁘도다~
내무덤~ 박차고~ 나왔도다~
정~말~ 기쁘고 기뻐 할 일~은~
생전에~ 죽은나~ 사는거다~

♪영신 아리랑 제37장 05판♪

만물은~ 우주맘~ 그속산다~
인간은~ 우주맘~ 있지않다~
자~기~ 마음 속 그 맘서 산~다~
자기맘~ 가지면~ 죽는도다~

♪영신 아리랑 제37장 06판♪

죽는맘~ 가지면~ 어둠주인~
사는맘~ 가지면~ 광명주인~
어~둠~ 버리고 밝음에 서~라~
살아서~ 새세상~ 들어가라~

♪영신 아리랑 제37장 07판♪

인간맘~ 가지고~ 결혼말고~
인간맘~ 버리고~ 결혼하라~
진~짜~ 결혼은 우주와 결~혼~
우주는~ 영영한~ 신랑이라~

♪영신 아리랑 제37장 08판♪

생전에~ 산님은~ 당당하다~
자기를~ 죽이면~ 통곡한다~
먼~저~ 살리라 자기의 생~명~
님생명~ 사는일~ 급선무다~

♪영신 아리랑 제37장 09판♪

나없다~ 나없다~ 나는없다~
여기나~ 저기나~ 나는없다~
지~금~ 이후로 진짜로 살~라~
가짜로~ 사는것~ 종말하라~

♪영신 아리랑 제37장 10판♪

감사한~ 마음을~ 갖지말고~
몸전체~ 감사몸~ 만들어라~
자~기~ 마음서 종살이 말~고~
님마음~ 왕마음~ 만들어라~

♪영신 아리랑 제37장 11판♪

살생각~ 가지고~ 살아나라~
살아서~ 살아나~ 만복돼라~
사~람~ 하늘님 생명의 아~들~
사람은~ 영영히~ 사는도다~

♪영신 아리랑 제37장 12판♪

사랑의~ 마음엔~ 교만없다~
교만함~ 있으면~ 사랑없다~
인~간~ 마음엔 사랑이 없~다~
사랑의~ 마음엔~ 나는없다~

제38장 신명 아리랑

♪신명 아리랑 제38장 01판♪

자기맘~ 버려야~ 님만나고~
님만난~ 사람만~ 다시난다~
한~번~ 걸음에 님 볼 수 없~다~
세걸음~ 걸어야~ 끝장본다~

♪신명 아리랑 제38장 02판♪

버리고~ 버리면~ 생명부활~
버티고~ 버티면~ 망신된다~
자~기~ 마음을 자기가 몰~라~
지금껏~ 헛된삶~ 살았도다~

♪신명 아리랑 제38장 03판♪

실없는~ 헛소리~ 실이없고~
공없는~ 말풍선~ 공이없다~
실~공~ 없으면 살 수가 없~다~
무심한~ 사람이~ 실공이다~

♪신명 아리랑 제38장 04판♪

잠깐의~ 영화도~ 지나가고~
잠깐의~ 절망도~ 지나간다~
삶~의~ 일상에 요동치 말~라~
이런일~ 저런일~ 인생사다~

♪신명 아리랑 제38장 05판♪

큰일은~ 내생애~ 오직하나~
죽은나~ 사는게~ 큰일이다~
필~히~ 해야 할 내 생애 일~은~
오직나~ 죽은나~ 살림이다~

♪신명 아리랑 제38장 06판♪

나하나~ 얻고자~ 천체있고~
나하나~ 살리려~ 지구있다~
하~늘~ 부모님 거역치 말~고~
기어이~ 살아서~ 고향가라~

♪신명 아리랑 제38장 07판♪

혼신은~ 그대로~ 하늘남고~
백신은~ 흩어져~ 없어진다~
몸~은~ 죽어도 마음은 산~다~
심신인~ 생명은~ 영영하다~

♪신명 아리랑 제38장 08판♪

꿈일까~ 생실까~ 꿈이라네~
인간은~ 생시에~ 산적없다~
자~기~ 마음서 해방 된 님~은~
결단코~ 꿈꿀일~ 다시없다~

♪신명 아리랑 제38장 09판♪

맘좇아~ 죽으면~ 나쁜사람~
생명에~ 착해야~ 착한사람~
잠~깐~ 동안만 소풍 삶 살~고~
곧바로~ 하늘로~ 돌아가라~

♪신명 아리랑 제38장 10판♪

실패는~ 성공의~ 다른이름~
장애물~ 그뒤에~ 성공있다~
나~의~ 참 행복 그 누가 막~나~
내앞길~ 막는자~ 바로나라~

♪신명 아리랑 제38장 11판♪

마음이~ 없어야~ 공명정대~
마음이~ 없어야~ 장수만세~
자~기~ 생전에 살아난 님~은~
우주와~ 한마음~ 칭칭난다~

♪신명 아리랑 제38장 12판♪

사랑은~ 성내지~ 아니한다~
성내는~ 마음엔~ 사랑없다~
사~랑~ 경지를 그 누가 알~까~
사랑은~ 사람의~ 최고경지~

제39장 천상 아리랑

♪천상 아리랑 제39장 01판♪

살아도~ 사는게~ 아니구나~
죽어라~ 죽어라~ 하는구나~
살~아~ 생전에 맘 죽은 님~은~
하늘뜻~ 하늘일~ 이뤘도다~

♪천상 아리랑 제39장 02판♪

차라리~ 죽는게~ 더좋겠다~
죽어야~ 사는걸~ 알았구나~
살~아~ 생전에 다시 나 살~면~
참세상~ 영영히~ 사는도다~

♪천상 아리랑 제39장 03판♪

자기맘~ 가지면~ 공공의적~
무심한~ 사람이~ 공공이다~
자~기~ 죽음을 해결한 사~람~
생생한~ 우주에~ 들었도다~

♪천상 아리랑 제39장 04판♪

하늘에~ 죄지면~ 갈곳없다~
님가진~ 인간맘~ 하늘죄다~
하~늘~ 마음에 사시는 님~은~
땅마음~ 가지면~ 죽는도다~

♪천상 아리랑 제39장 05판♪

님생명~ 님책임~ 각자도생~
자기맘~ 죽어야~ 하늘간다~
자~기~ 할 일을 자기가 하~면~
부모님~ 손잡고~ 하늘간다~

♪천상 아리랑 제39장 06판♪

제대로~ 죽어야~ 혁명이요~
몽땅다~ 죽어야~ 쇄신된다~
죽~고~ 살아야 진짜가 된~다~
죽음의~ 땅에서~ 벗어나라~

♪천상 아리랑 제39장 07판♪

수억년~ 인간맘~ 난감하다~
생명주~ 만나야~ 길열린다~
죽~는~ 세상에 있지를 말~고~
생명의~ 세상에~ 들어가라~

♪천상 아리랑 제39장 08판♪

몸죽어~ 가는곳~ 죽음나라~
맘죽어~ 가는곳~ 생명나라~
공~부~ 더 이상 필요가 없~다~
오직나~ 생전에~ 살려내라~

♪천상 아리랑 제39장 09판♪

맘속서~ 님타령~ 하지말고~
본맘과~ 맘합쳐~ 하나돼라~
말~을~ 앞 세워 말 잔치 말~고~
온마음~ 온정성~ 다바쳐라~

♪천상 아리랑 제39장 10판♪

생전에~ 님나라~ 만들었나~
생전에~ 님나라~ 확인했나~
하~늘~ 어디에 님 집이 있~나~
가는곳~ 주소는~ 아시는가~

♪천상 아리랑 제39장 11판♪

사랑엔~ 무례함~ 일체없다~
무례한~ 마음엔~ 사랑없다~
인~간~ 마음에 사랑이 웬~말~
맘없는~ 사람만~ 사랑이다~

♪천상 아리랑 제39장 12판♪

허허참~ 허허참~ 허허참참~
마침내~ 오셨다~ 생명참주~
나~를~ 살려야 참 생명 참~주~
우주맘~ 가진님~ 참 구주다~

제40장 만복 아리랑

♪만복 아리랑 제40장 01판♪

하늘국~ 하늘님~ 따로없다~
하늘국~ 하늘님~ 한몸이다~
매~번~ 그 밥에 그 반찬 말~고~
생전에~ 만찬상~ 받아보라~

♪만복 아리랑 제40장 02판♪

살마음~ 없는님~ 두문불출~
제맘속~ 나오면~ 출세한님~
내~맘~ 가지면 살 수가 없~다~
조상맘~ 자기맘~ 날 잡는다~

♪만복 아리랑 제40장 03판♪

생전에~ 사신님~ 입신이요~
생전에~ 사신님~ 양명이다~
사~람~ 하늘님 보화 중 보~화~
땅에서~ 하늘뜻~ 이뤘도다~

♪만복 아리랑 제40장 04판♪

맘놓고~ 가거라~ 하늘나라~
자기맘~ 없어야~ 청렴결백~
오~직~ 버릴 것 마음 뿐 이~니~
버리고~ 버려서~ 청결하라~

♪만복 아리랑 제40장 05판♪

동식물~ 드리면~ 형식제사~
내마음~ 드리면~ 생명제사~
오~직~ 나의 것 내맘 뿐 이~니~
내것을~ 드려야~ 내가산다~

♪만복 아리랑 제40장 06판♪

마음을~ 가지면~ 살수없고~
마음을~ 버리면~ 죽음없다~
나~의~ 본맘이 살고자 하~니~
자기를~ 도와서~ 살아나라~

♪만복 아리랑 제40장 07판♪

생전에~ 죽었다~ 살아나면~
먼저간~ 조상님~ 살아난다~
나~의~ 조상님 날 낳는 이~유~
후손아~ 후손아~ 날 살려라~

♪만복 아리랑 제40장 08판♪

내잔치~ 너잔치~ 잠시접고~
생전에~ 살길을~ 도모하라~
살~아~ 생전에 산자가 되~면~
하늘님~ 잔치에~ 영영난다~

♪만복 아리랑 제40장 09판♪

살고자~ 하는자~ 망신나고~
죽고자~ 하는자~ 생신난다~
몸~은~ 그림자 마음이 실~체~
생전에~ 실물로~ 등장하라~

♪만복 아리랑 제40장 10판♪

죽는맘~ 사는맘~ 붙어있다~
죽는맘~ 생전에~ 청산하라~
탐~심~ 종 되어 종살이 말~고~
그탐심~ 이기고~ 왕이돼라~

♪만복 아리랑 제40장 11판♪

내생에~ 구세주~ 상봉하라~
날살려~ 주셔야~ 구세주다~
자~기~ 죽는 맘 고집치 말~고~
사는맘~ 가지고~ 상봉하라~

♪만복 아리랑 제40장 12판♪

백억년~ 더넘어~ 내가왔다~
결단코~ 망신을~ 당치말라~
참~을~ 살아서 영접한 님~은~
참으로~ 장하다~ 장하도다~

제41장 정신 아리랑

♪정신 아리랑 제41장 01판♪

나없다~ 나없다~ 나는없다~
나없다~ 나없다~ 나는없다~
나~만~ 위해서 살았던 나~는~
나없다~ 나없다~ 나는없다~

♪정신 아리랑 제41장 02판♪

아버지~ 어머니~ 미안해요~
제할일~ 못해서~ 죄송해요~
이~제~ 본 정신 차리고 살~아~
생전에~ 부모님~ 봬올게요~

♪정신 아리랑 제41장 03판♪

구하라~ 찾으라~ 두드리라~
생전에~ 기어이~ 님만나라~
행~함~ 없으면 결실도 없~다~
인간을~ 버리고~ 사람돼라~

♪정신 아리랑 제41장 04판♪

설마가~ 사람을~ 잡는구나~
말하는~ 말마귀~ 설마로다~
죽~고~ 사는 것 모르는 님~아~
사람을~ 사지로~ 끌지말라~

♪정신 아리랑 제41장 05판♪

버려라~ 버려라~ 맘버려라~
벼려라~ 버려라~ 다버려라~
진~짜~ 참회는 나 없는 마~음~
참마음~ 가지고~ 님 만나라~

♪정신 아리랑 제41장 06판♪

추억을~ 가진님~ 꿈을꾸고~
추억이~ 없는님~ 꿈이없다~
일~체~ 추억을 다 소멸 하~라~
추억을~ 가지면~ 악몽된다~

♪정신 아리랑 제41장 07판♪

인간맘~ 쌓이면~ 바벨이요~
바벨탑~ 인간맘~ 높고높다~
마~음~ 버려야 하늘에 간~다~
용맹한~ 맘으로~ 정진하라~

♪정신 아리랑 제41장 08판♪

눈으로~ 본것들~ 눈독되고~
본것들~ 쌓여서~ 죄가된다~
추~억~ 가지면 불량한 자~요~
추억이~ 없어야~ 선량하다~

♪정신 아리랑 제41장 09판♪

님없다~ 님없다~ 님은없다~
인간맘~ 그속에~ 님은없다~
님~은~ 언제나 님 상봉 할~까~
자기를~ 이겨야~ 님 만난다~

♪정신 아리랑 제41장 10판♪

사람몸~ 생애는~ 천년이요~
사람몸~ 벗으면~ 왕년이다~
일~체~ 여한이 없어야 산~다~
생전에~ 여한을~ 다버려라~

♪정신 아리랑 제41장 11판♪

이슬비~ 꽃처럼~ 지지말고~
무궁화~ 꽃으로~ 피어나라~
인~간~ 버리고 사람이 되~라~
사람아~ 영영히~ 무궁화라~

♪정신 아리랑 제41장 12판♪

말끝난~ 다음엔~ 뭐가남나~
말구경~ 하다가~ 다죽는다~
일~을~ 안 하면 열매도 없~다~
생전에~ 죽었다~ 다시나라~

제42장 광명 아리랑

♪광명 아리랑 제42장 01판♪

인간은~ 못간다~ 하늘나라~
사람만~ 가도다~ 무심나라~
하~늘~ 나라에 인간은 없~다~
마음을~ 버려야~ 하늘간다~

♪광명 아리랑 제42장 02판♪

공부로~ 연구로~ 갈수없다~
오로지~ 자기와~ 전쟁하라~
헛~된~ 말들로 논쟁치 말~고~
자기의~ 죽음을~ 해결하라~

♪광명 아리랑 제42장 03판♪

아버지~ 누군지~ 모르고요~
어머니~ 누군지~ 모르도다~
육~신~ 부모님 진짜로 알~면~
참부모~ 영영히~ 못 보도다~

♪광명 아리랑 제42장 04판♪

자기만~ 이기면~ 가는나라~
끝없이~ 영원히~ 좋은나라~
살~아~ 생전에 이 나라 가~라~
금생에~ 안가면~ 다시없다~

♪광명 아리랑 제42장 05판♪

본것들~ 쌓이면~ 상이되고~
상들이~ 쌓이면~ 죄가된다~
상~이~ 없어야 하늘에 간~다~
추억이~ 살길을~ 막는도다~

♪광명 아리랑 제42장 06판♪

내눈이~ 가잔다~ 구경관광~
내입이~ 가잔다~ 먹는여행~
눈~입~ 위하여 평생을 산~님~
부모님~ 집에는~ 언제가나~

♪광명 아리랑 제42장 07판♪

탐심을~ 쫓으면~ 살수없다~
탐심을~ 버리고~ 살길가라~
탐~심~ 없어야 산 자가 된~다~
탐심을~ 이기고~ 승리하라~

♪광명 아리랑 제42장 08판♪

설명은~ 더이상~ 필요없다~
이경전~ 저경전~ 다덮어라~
진~짜~ 만나서 진짜가 되~라~
진짜가~ 참세상~ 경전이다~

♪광명 아리랑 제42장 09판♪

인간은~ 완성자~ 아니도다~
마음이~ 없어야~ 완성이다~
살~아~ 생전에 완성이 되~면~
산체로~ 하늘에~ 들어간다~

♪광명 아리랑 제42장 10판♪

안과밖~ 통해야~ 알깨진다~
혼자선~ 결단코~ 못나온다~
지~금~ 밖에서 두들기 시~니~
알속에~ 있는님~ 세상나라~

♪광명 아리랑 제42장 11판♪

하늘님~ 사람을~ 내셨도다~
사람은~ 하늘님~ 자체시다~
인~간~ 가진 몸 사람 몸이~니~
하늘몸~ 훔친자~ 없어져라~

♪광명 아리랑 제42장 12판♪

하늘님~ 영광은~ 사람이요~
인간은~ 영광이~ 될수없다~
영~광~ 돌린다 헛 소리 말~고~
영광의~ 몸에서~ 사라져라~

제43장 하나 아리랑

♪하나 아리랑 제43장 01판♪

바람과~ 구름은~ 자유하고~
사람은~ 살아서~ 고향간다~
죽~음~ 이겨야 하늘에 난~다~
사는삶~ 살다가~ 하늘가라~

♪하나 아리랑 제43장 02판♪

님하나~ 있어서~ 세상이요~
님죽음~ 이후엔~ 세상없다~
영~광~ 위하여 사람이 났~다~
사람만~ 하늘님~ 영광이다~

♪하나 아리랑 제43장 03판♪

인간은~ 세월속~ 갇혀살고~
사람은~ 세월을~ 넘었도다~
세~월~ 속에서 죽지를 말~고~
생전에~ 세월을~ 벗어나라~

♪하나 아리랑 제43장 04판♪

기도만~ 하다가~ 죽지말고~
기도의~ 대상과~ 합쳐져라~
마~음~ 비워야 내 님이 온~다~
생전에~ 맘비고~ 님 맞으라~

♪하나 아리랑 제43장 05판♪

거짓말~ 거짓말~ 다거짓말~
인간이~ 하는말~ 다거짓말~
인~간~ 마음엔 하늘님 없~다~
인간은~ 하늘님~ 모르도다~

♪하나 아리랑 제43장 06판♪

생전에~ 요단강~ 건너가라~
생전에~ 북망산~ 넘어가라~
김~치~ 국부터 마시지 말~고~
생전에~ 생명떡~ 손에쥐라~

♪하나 아리랑 제43장 07판♪

산에는~ 산새들~ 노래하고~
물에는~ 물고기~ 자유롭다~
오~직~ 하늘엔 사람이 없~어~
부모님~ 아들들~ 못 보도다~

♪하나 아리랑 제43장 08판♪

탐심을~ 자기신~ 삼은님아~
하늘님~ 탐심속~ 어찌사나~
탐~심~ 속에는 하늘님 없~다~
두마음~ 가지면~ 살수없다~

♪하나 아리랑 제43장 09판♪

인간은~ 거룩한~ 몸가졌다~
신발을~ 벗어야~ 거룩한땅~
추~억~ 쌓이면 살 수가 없~다~
세족식~ 끝나야~ 하늘간다~

♪하나 아리랑 제43장 10판♪

님속에~ 님찾는~ 님계시다~
오직나~ 자기와~ 전쟁하라~
자~기~ 전쟁을 안 하는 님~은~
자기를~ 영영히~ 죽이도다~

♪하나 아리랑 제43장 11판♪

인간에~ 속아서~ 굴신말고~
사람이~ 되어서~ 훨훨날라~
인~간~ 버리고 신선이 되~라~
자기를~ 이긴님~ 우화등선~

♪하나 아리랑 제43장 12판♪

하늘님~ 인간을~ 낸바없다~
하늘님~ 사람을~ 내셨도다~
인~간~ 너머에 사람이 있~다~
사람이~ 하늘님~ 본상이다~

제44장 평화 아리랑

♪평화 아리랑 제44장 01판♪

자기맘~ 가지고~ 사는님아~
하늘님~ 등장을~ 방해말라~
인~간~ 죽어야 하늘님 난~다~
인간아~ 하늘서~ 없어져라~

♪평화 아리랑 제44장 02판♪

죽고자~ 하는자~ 살것이요~
살고자~ 하는자~ 죽으리라~
가~짜~ 죽어야 진짜가 산~다~
가짜야~ 세상서~ 사라져라~

♪평화 아리랑 제44장 03판♪

믿는다~ 하면서~ 말만하고~
믿는다~ 하면서~ 맘안죽네~
입~술~ 믿음은 실과가 없~다~
자기맘~ 드려야~ 님이산다~

♪평화 아리랑 제44장 04판♪

한없이~ 곱도다~ 무심한님~
더없이~ 이쁘다~ 나없는님~
세~상~ 만물이 바라던 사~람~
하늘님~ 세상에~ 나셨도다~

♪평화 아리랑 제44장 05판♪

님위한~ 몸에서~ 사는인간~
방빼라~ 방빼라~ 방을빼라~
님~이~ 가진 몸 하늘 몸 이~다~
귀신은~ 나가고~ 참신나라~

♪평화 아리랑 제44장 06판♪

인간은~ 사람의~ 씨앗이요~
사람은~ 하늘님~ 실물이다~
인~간~ 없어야 사람이 난~다~
하늘님~ 영광은~ 사람이다~

♪평화 아리랑 제44장 07판♪

인간맘~ 무섭고~ 무섭도다~
악한맘~ 착한맘~ 다무섭다~
마~음~ 없어야 하늘에 산~다~
마음을~ 깨끗이~ 청산하라~

♪평화 아리랑 제44장 08판♪

마음을~ 버려야~ 사람되고~
사람이~ 되어야~ 하늘간다~
하~늘~ 공중에 몸 받아 나~면~
죽어도~ 살아도~ 남는도다~

♪평화 아리랑 제44장 09판♪

인간은~ 진실에~ 관심없다~
제귀에~ 좋으면~ 그만이다~
각~각~ 자기를 자기 왕 삼~고~
자기가~ 자기를~ 섬기도다~

♪평화 아리랑 제44장 10판♪

귀신에~ 홀려서~ 울지말고~
참신과~ 하나돼~ 웃고살라~
살~아~ 생전에 내 님을 만~나~
매항상~ 복되고~ 화평하라~

♪평화 아리랑 제44장 11판♪

귀신과~ 뭉치면~ 죽는자요~
참신과~ 뭉치면~ 사는자라~
참~신~ 만나야 죽음이 없~다~
귀신을~ 이기고~ 참신돼라~

♪평화 아리랑 제44장 12판♪

가진입~ 하난데~ 혀는두개~
화냈다~ 웃었다~ 광대로다~
실~로~ 그 속을 알 수가 없~다~
하늘님~ 인간이~ 무섭도다~

제45장 홀로 아리랑

♪홀로 아리랑 제45장 01판♪

악함을~ 선하다~ 하지말며~
어둠을~ 광명타~ 하지말라~
살~기~ 위해서 세상에 났~다~
생전에~ 산자로~ 다시나라~

♪홀로 아리랑 제45장 02판♪

화려한~ 공작새~ 부러마라~
잠깐만~ 보였다~ 사라진다~
살~아~ 생전에 연꽃이 되~라~
때묻음~ 없어야~ 꽃이핀다~

♪홀로 아리랑 제45장 03판♪

인간은~ 언제나~ 사람되나~
자기맘~ 없어야~ 사람이다~
하~늘~ 사람은 맘 없는 사~람~
무심한~ 사람만~ 하늘간다~

♪홀로 아리랑 제45장 04판♪

옛이름~ 버리고~ 거듭나라~
새이름~ 받아야~ 다시난다~
하~늘~ 어디도 인간은 없~다~
헌것을~ 버려야~ 새것된다~

♪홀로 아리랑 제45장 05판♪

제죽음~ 이겨야~ 사람이요~
사람삶~ 살아야~ 그윽하다~
사~람~ 아니면 기쁜 일 없~다~
하늘님~ 기쁨은~ 사람이다~

♪홀로 아리랑 제45장 06판♪

인간은~ 하나도~ 재미없다~
사람을~ 살아야~ 신명난다~
인~간~ 버리고 사람이 되~라~
풍악을~ 울려라~ 사람들아~

♪홀로 아리랑 제45장 07판♪

인생은~ 잠깐의~ 들국화요~
인간삶~ 헛되고~ 헛되도다~
헛~삶~ 버리고 참 삶을 살~라~
참삶을~ 살아야~ 살판난다~

♪홀로 아리랑 제45장 08판♪

자기맘~ 가지면~ 꼴생기고~
꼴들이~ 쌓이면~ 꼴값한다~
자~기~ 붙들고 꼴값 질 말~고~
생전에~ 님만나~ 복이돼라~

♪홀로 아리랑 제45장 09판♪

님안에~ 살면서~ 님을찾고~
신안에~ 살면서~ 신을찾네~
기~쁨~ 속에서 서글픈 님~아~
자기를~ 버리고~ 세상나라~

♪홀로 아리랑 제45장 10판♪

생명주~ 세상에~ 오셨도다~
가급적~ 젊은날~ 상봉하라~
인~생~ 살이는 별 볼일 없~다~
생전에~ 살아야~ 별이된다~

♪홀로 아리랑 제45장 11판♪

생명수~ 앞에서~ 갈증말고~
생명수~ 바다에~ 푹빠져라~
생~명~ 생수로 태어난 님~은~
목마름~ 겪을일~ 전연없다~

♪홀로 아리랑 제45장 12판♪

헛된삶~ 살다가~ 죽지말고~
떨치고~ 일어나~ 님만나라~
몸~이~ 없으면 갈 수가 없~다~
왕성히~ 젊은날~ 성인돼라~

제46장 진실 아리랑

♪진실 아리랑 제46장 01판♪

말구경~ 하다가~ 다죽는다~
듣기만~ 하는님~ 열매없다~
한~발~ 걸음도 걸은 바 없~다~
씨앗은~ 언제나~ 열매될까~

♪진실 아리랑 제46장 02판♪

자기맘~ 없어야~ 정본청원~
자기맘~ 없어야~ 파사현정~
어~둠~ 나와서 광명에 서~라~
광명한~ 하늘에~ 둥둥나라~

♪진실 아리랑 제46장 03판♪

자기맘~ 가지면~ 신성모독~
인간맘~ 하늘님~ 덮었도다~
하~늘~ 성전서 인간이 산~다~
인간은~ 성전서~ 없어져라~

♪진실 아리랑 제46장 04판♪

대웅님~ 지극한~ 눈을보라~
눈독이~ 무서워~ 안보도다~
눈~독~ 들이면 살 수가 없~다~
본것들~ 지워야~ 살판난다~

♪진실 아리랑 제46장 05판♪

하늘님~ 안식에~ 드셨도다~
안식때~ 그누가~ 일을하나~
안~식~ 하늘님 찾지를 말~고~
하늘님~ 안식에~ 들어가라~

♪진실 아리랑 제46장 06판♪

억만겁~ 마음속~ 사는님아~
이속서~ 어떻게~ 나올텐가~
방~법~ 없으면 나올 수 없~다~
방법을~ 만나서~ 해방돼라~

♪진실 아리랑 제46장 07판♪

흙탕물~ 속에서~ 연꽃났다~
인간을~ 이기고~ 사람돼라~
인~간~ 씨앗아 열매가 되~라~
생명과~ 열매는~ 사람이다~

♪진실 아리랑 제46장 08판♪

왕들이~ 줄줄이~ 죽는구나~
궁으로~ 못가고~ 객사구나~
세~상~ 천지에 사람이 없~다~
언제나~ 하늘에~ 왕이날까~

♪진실 아리랑 제46장 09판♪

일체의~ 소원을~ 다버려라~
일체의~ 바람도~ 다버려라~
진~짜~ 기도는 버리는 기~도~
자기가~ 가진맘~ 다 버려라~

♪진실 아리랑 제46장 10판♪

하늘님~ 죽은자~ 난바없다~
하늘님~ 죽은자~ 날수없다~
어~찌~ 하늘님 죽은 잘 낳~나~
죽는말~ 속아서~ 죽지말라~

♪진실 아리랑 제46장 11판♪

한발짝~ 걸음에~ 물속나고~
두발짝~ 걸음에~ 몸받았다~
이~제~ 한 걸음 더 가면 된~다~
세발짝~ 걸음에~ 님이된다~

♪진실 아리랑 제46장 12판♪

날살릴~ 생명주~ 오셨도다~
날위해~ 하늘서~ 오셨도다~
만~남~ 없으면 살 길이 없~다~
기필코~ 생명주~ 상봉하라~

제47장 지혜 아리랑

♪지혜 아리랑 제47장 01판♪

철따라~ 꽃나고~ 열매난다~
인간은~ 언제나~ 철에들까~
마~음~ 없어야 열매가 된~다~
씨앗아~ 변하여~ 열매돼라~

♪지혜 아리랑 제47장 02판♪

큰행사~ 그뒤에~ 뭐가남나~
헛모임~ 하다가~ 백발된다~
행~함~ 없으면 살 수가 없~다~
관중석~ 떠나서~ 선수돼라~

♪지혜 아리랑 제47장 03판♪

하늘님~ 위하여~ 사람낳고~
사람을~ 위하여~ 인간낳다~
살~아~ 생전에 세 걸음 가~라~
인간을~ 넘어야~ 사람난다~

♪지혜 아리랑 제47장 04판♪

마음이~ 없어야~ 명명백백~
마음이~ 없어야~ 정정당당~
마~음~ 없어야 정의가 선~다~
불의한~ 인간맘~ 다 버리라~

♪지혜 아리랑 제47장 05판♪

공중서~ 큰권세~ 잡은인간~
몸가진~ 인간이~ 왕이로다~
신~을~ 이기면 살 수가 없~다~
이기고~ 지는자~ 되지말라~

♪지혜 아리랑 제47장 06판♪

섬긴다~ 하면서~ 절만하고~
섬긴다~ 하면서~ 죽진않네~
헌~맘~ 버려야 새 맘이 된~다~
하는척~ 그치고~ 진짜하라~

♪지혜 아리랑 제47장 07판♪

인간은~ 땅에서~ 인간끼리~
사람은~ 하늘서~ 사람끼리~
사~람~ 나라엔 사람만 산~다~
사람과~ 하늘님~ 한 몸이다~

♪지혜 아리랑 제47장 08판♪

귀신은~ 땅에서~ 귀신끼리~
참신은~ 하늘서~ 참신끼리~
신~의~ 나라엔 신들만 산~다~
참신의~ 표상은~ 사람이다~

♪지혜 아리랑 제47장 09판♪

만일에~ 인간이~ 하늘가면~
하늘은~ 삽시간~ 망쳐진다~
인~간~ 사는 곳 어디나 고~토~
인간은~ 땅에나~ 머물거라~

♪지혜 아리랑 제47장 10판♪

말풍선~ 꽉찼다~ 곧터진다~
행함이~ 없으면~ 살수없다~
진~짜~ 나라는 생전에 간~다~
산하늘~ 산자만~ 가는나라~

♪지혜 아리랑 제47장 11판♪

인간은~ 당연히~ 신아니요~
사람은~ 완성된~ 신이로다~
신~의~ 나라는 신들만 간~다~
신아닌~ 인간은~ 못 가도다~

♪지혜 아리랑 제47장 12판♪

인간은~ 땅에서~ 어둠살고~
사람은~ 하늘서~ 광명산다~
자~기~ 마음을 가지고 살~면~
영원히~ 어둠을~ 못 벗도다~

제48장 천지 아리랑

♪천지 아리랑 제48장 01판♪

님속에~ 님찾는~ 님이있다~
눈감고~ 님속서~ 님찾으라~
밖~엔~ 님 찾는 내 님이 없~다~
인간을~ 이겨야~ 님 만난다~

♪천지 아리랑 제48장 02판♪

죽는자~ 가짜는~ 가짜낳고~
사는자~ 진짜는~ 진짜난다~
가~짜~ 죽어야 진짜가 산~다~
진짜는~ 결단코~ 죽음없다~

♪천지 아리랑 제48장 03판♪

하늘님~ 할일을~ 마치시고~
하늘님~ 평안히~ 쉬시도다~
욕~심~ 위하여 님 찾지 말~고~
인간은~ 자기를~ 완성하라~

♪천지 아리랑 제48장 04판♪

인간맘~ 가지고~ 하늘가면~
땅에서~ 하던짓~ 다시한다~
하~늘~ 나라에 나란 난 없~다~
나란나~ 없어야~ 하늘간다~

♪천지 아리랑 제48장 05판♪

님타령~ 신타령~ 하지말고~
생전에~ 님으로~ 세상나라~
님~의~ 몸 안에 내 님이 있~다~
하늘문~ 열쇠는~ 바로나다~

♪천지 아리랑 제48장 06판♪

님찾아~ 만나야~ 사람되고~
님찾아~ 만나야~ 영영산다~
인~간~ 할 일은 오직 딱 하~나~
자기의~ 죽음을~ 이김이라~

♪천지 아리랑 제48장 07판♪

죽음을~ 넘어야~ 보배로다~
죽음을~ 넘어야~ 영웅이다~
우~주~ 전체가 하늘님 생~명~
생명은~ 생명만~ 받는도다~

♪천지 아리랑 제48장 08판♪

산자가~ 되어야~ 높은자요~
산자가~ 되어야~ 반석이다~
인~간~ 영화는 모래성 이~니~
잠깐의~ 영화에~ 속지말라~

♪천지 아리랑 제48장 09판♪

단단한~ 마음은~ 쇄빙하고~
부서진~ 마음은~ 다녹이라~
일~체~ 앙금도 없어야 한~다~
새하얀~ 마음만~ 하늘간다~

♪천지 아리랑 제48장 10판♪

믿음은~ 나없는~ 마음이요~
사랑도~ 나없는~ 마음이다~
마~음~ 없어야 변함이 없~다~
믿음과~ 사랑은~ 영영하다~

♪천지 아리랑 제48장 11판♪

생명을~ 잃으면~ 통곡한다~
기필코~ 금생에~ 산자돼라~
결~코~ 두 번의 기회는 없~다~
인간의~ 목적은~ 사람이다~

♪천지 아리랑 제48장 12판♪

모래성~ 쌓다가~ 죽지말고~
영원한~ 반석에~ 우뚝서라~
몸~을~ 이겨야 마음이 산~다~
헛것에~ 잡히면~ 살수없다~

제49장 공심 아리랑

♪공심 아리랑 제49장 01판♪

인간과~ 사람은~ 비교불가~
죽는자~ 사는자~ 천지차이~
하~늘~ 나라엔 산 자만 간~다~
환희의~ 세상에~ 들어가라~

♪공심 아리랑 제49장 02판♪

첫번째~ 몸받은~ 인간들아~
두번째~ 몸받아~ 다시나라~
인~간~ 할 일은 사람 됨 이~라~
사람이~ 하늘님~ 세상이다~

♪공심 아리랑 제49장 03판♪

자기맘~ 가지면~ 왕래불가~
가지도~ 오지도~ 못하도다~
가~장~ 무섭다 맘 가진 인~간~
하늘땅~ 어디도~ 갈데없다~

♪공심 아리랑 제49장 04판♪

죽었다~ 살아야~ 죽음없다~
죽었다~ 살아라~ 사생결단~
마~음~ 없어야 부모님 본~다~
마음아~ 죽어라~ 없어져라~

♪공심 아리랑 제49장 05판♪

인간이~ 가진맘~ 사심이요~
사람의~ 무심맘~ 진심이다~
사~심~ 가지면 살 수가 없~다~
진심은~ 결단코~ 죽음없다~

♪공심 아리랑 제49장 06판♪

내님은~ 도대체~ 어디있나~
내님은~ 언제나~ 내안있다~
자~기~ 마음이 여전한 님~은~
내님을~ 영영히~ 가두도다~

♪공심 아리랑 제49장 07판♪

자기맘~ 가지면~ 대역죄인~
자기맘~ 가지면~ 천하악당~
마~음~ 없어야 선량한 사~람~
선량한~ 사람이~ 하늘이다~

♪공심 아리랑 제49장 08판♪

생전에~ 님무덤~ 탈출하라~
봤던것~ 듣던것~ 무덤이다~
자~기~ 마음을 의존치 말~고~
광활한~ 생명에~ 다시나라~

♪공심 아리랑 제49장 09판♪

극락이~ 어디에~ 따로없고~
천국이~ 어디에~ 따로없다~
자~기~ 맘속에 다 들어 있~다~
인간은~ 천극락~ 안에있다~

♪공심 아리랑 제49장 10판♪

자기님~ 자기가~ 눌러놓고~
님찾아~ 천지를~ 헤매도다~
나~는~ 떨어져 산 적이 없~다~
나혼자~ 슬프고~ 서럽구나~

♪공심 아리랑 제49장 11판♪

있다가~ 없는건~ 없는거다~
진실한~ 사랑은~ 이별없다~
진~짜~ 사랑은 하늘님 사~랑~
영영한~ 사랑과~ 하나돼라~

♪공심 아리랑 제49장 12판♪

하늘님~ 형상은~ 멸이없다~
죽거나~ 살거나~ 영영하다~
자~유~ 아니면 살 수가 없~다~
죽음을~ 이겨야~ 자유자다~

제50장 진군 아리랑

♪진군 아리랑 제50장 01판♪

자기맘~ 자기가~ 만들었다~
자기가~ 버려야~ 결자해지~
마~음~ 가지면 하늘님 원~수~
원수는~ 하늘에~ 못 가도다~

♪진군 아리랑 제50장 02판♪

진리는~ 죽음을~ 이긴사람~
죽음을~ 이겨야~ 오직진리~
진~리~ 진실은 살아난 사~람~
사람이~ 진리고~ 진실이다~

♪진군 아리랑 제50장 03판♪

약속을~ 했으면~ 꼭지켜라~
어떠한~ 변명도~ 대지말라~
약~속~ 지켜야 감동이 있~다~
감동이~ 있어야~ 서로산다~

♪진군 아리랑 제50장 04판♪

추억을~ 버려야~ 불생되고~
추억을~ 버려야~ 불멸된다~
추~억~ 가지면 살 수가 없~다~
추억이~ 없어야~ 광명하다~

♪진군 아리랑 제50장 05판♪

마음이~ 없어야~ 여여하고~
마음이~ 없어야~ 평화롭다~
하~늘~ 마음은 무심한 마~음~
무심한~ 마음이~ 극락이다~

♪진군 아리랑 제50장 06판♪

마음을~ 가진님~ 소인이요~
마음을~ 버린님~ 대인이다~
소~탐~ 영화에 홀리지 말~고~
대실한~ 나라에~ 들어가라~

♪진군 아리랑 제50장 07판♪

사람맘~ 살아야~ 신출이요~
인간맘~ 죽어야~ 귀몰이다~
귀~신~ 이기고 참신이 되~라~
사람이~ 몸가진~ 참신이다~

♪진군 아리랑 제50장 08판♪

자기를~ 이겨서~ 환골하고~
자기의~ 무덤서~ 탈태하라~
하~늘~ 나라엔 사람만 간~다~
하늘님~ 나라는~ 사람나라~

♪진군 아리랑 제50장 09판♪

자기맘~ 철저히~ 분골하고~
자기맘~ 맹렬히~ 쇄신하라~
맘~을~ 가지면 영원한 죄~인~
마음이~ 없어야~ 선인이다~

♪ 진군 아리랑 제50장 10판 ♪

자기와~ 전쟁을~ 시작하라~
결단코~ 생명을~ 포기마라~
살~기~ 위해서 세상에 났~다~
죽음을~ 이기고~ 고향가라~

♪ 진군 아리랑 제50장 11판 ♪

죽음을~ 이긴님~ 금지옥엽~
부모앞~ 죽는님~ 영원원수~
하~늘~ 부모님 영원한 생~명~
아들들~ 산체로~ 영영하라~

♪ 진군 아리랑 제50장 12판 ♪

하늘님~ 인간을~ 낸바없다~
하늘은~ 사람을~ 내셨도다~
정~신~ 살려서 참 영혼 되~어~
생전에~ 부모님~ 상봉하라~

생명 노래

날좀 보소~ 날좀 보소~ 날~좀~보소~ 인간에서~ 사람됐다~
날~좀~보소~~

날좀 보소~ 날좀 보소~ 날~좀~보소~ 봉황되어~ 훨훨난다~
날~좀~보소~~

날좀 보소~ 날좀 보소~ 날~좀~보소~ 하늘나라~ 복덩이다~
날~좀~보소~

날좀 보소~ 날좀 보소~ 날~좀~보소~ 생명하늘~ 아들이다~
날~좀~보소~~

날좀 보소~ 날좀 보소~ 날~좀 보소~ 천만년에~ 생명이다~
날~좀~보소~~

날좀 보소~ 날좀 보소~ 날~좀 보소~ 이제나는~ 살아났다~
날~좀~보소~~

날좀 보소~ 날좀 보소~ 날~좀 보소~ 기다리던~ 님만났다~
날~좀~보소~~

날좀 보소~ 날좀 보소~ 날~좀 보소~ 만세로다~ 만세로다~
날~좀~보소~

억만 년에~ 만난 듯이~ 날좀 보소~~

님의 노래

인간 에서! 사람 됐다!
퀘지나 칭칭~ 나네~ 퀘지나 칭칭~ 나네~

봉황 되어! 훨훨 난다!
퀘지나 칭칭~ 나네~ 퀘지나 칭칭~ 나네~

하늘 나라! 복덩 이다!
퀘지나 칭칭~ 나네~ 퀘지나 칭칭~ 나네~

생명 하늘! 아들 이다!
퀘지나 칭칭~ 나네~ 퀘지나 칭칭~ 나네~

천만 년에! 생명 이다!
퀘지나 칭칭~ 나네~ 퀘지나 칭칭~ 나네~

이제 나는! 살아 났다!
퀘지나 칭칭~ 나네~ 퀘지나 칭칭~ 나네~

기다 리던! 님만 났다!
퀘지나 칭칭~ 나네~ 퀘지나 칭칭~나네~

만세 로다! 만세 로다!
퀘지나 칭칭~ 나네~ 퀘지나 칭칭~나네~

퀘지나 칭~~칭~~ 난~~다~

시조국 승천가

인류의~ 시작은~ 한반도~ 한국인~
마고성~ 율려국~ 환인~ 환웅~ 단군님~
중국이~ 없애고~ 일본이~ 태워도~
우리역사~ 일만일천~ 환단고기~ 써있다~

광명환국~ 배달국~ 단군조선~ 대한국~
동서남북~ 십수만리~ 광활~ 북방~ 대영토~
중국이~ 빼앗고~ 일본이~ 뭉개도~
치우천황~ 지키신다~ 천손민족~ 한국인~

한국인~ 시조는~ 우주하늘~ 하늘님~
하늘문을~ 열었다~ 대한민국~ 천신님~
중국이~ 바꾸고~ 일본이~ 고쳐도~
광명민족~ 있어야~ 인류살길~ 열린다~

대통령~ 문장은~ 영원상징~ 봉황새~
나라꽃~ 이름은~ 영원무궁~ 무궁화~
중국이~ 떼쓰고~ 일본이~ 우겨도 ~
인간완성~ 한국인~ 세계인류~ 구한다~

한국은~ 형님국~ 중국일본~ 아우국~
문명도~ 정신도~ 아낌없이~ 전했다~
중국이~ 망치고~ 일본이~ 부셔도~
영원무궁~ 남도다~ 하늘장자~ 대한인~

이놈들아~ 빌어라~ 빌고~ 빌고~ 빌어라~
헌법에~ 명시하고~ 석고대죄~ 하거라~
자상해서~ 양보했다~ 잘난척들~ 말거라~
형님나라~ 받들어야~ 너희 살길~ 열린다~

황궁씨~ 청궁씨~ 백소씨~ 흑소씨~
마고성~ 나가서~ 전세계에~ 퍼졌다~
세상사람~ 본고향~ 대한민국~ 참부모~
지체말고~ 오거라~ 어서어서~ 오너라~

총과칼은~ 버리고~ 농기구만~ 남겨라~
사랑하고~ 평화하여~ 만국평화~ 이루라~
환국에서~ 나간형제~ 환국으로~ 오거라~
본국찾아~ 오거라~ 한국으로~ 오거라~

당부 말씀

대한민국 정부는 망실 된 환국(3301년)과 배달(1565년)과 조선 (2096년)의 역사 6962년을 당장에 한국 역사에 복원하라.

마고성 기록도 복원하고 율려국 기록도 복원하라.

중국과 일본은 없는 역사도 만들어 더욱 늘리려 하는 판에 한국은 엄연히 존재하는 역사를 어찌 살려내질 못하는가?

대한민국 정부는 한국 고대 역사에 정통한 역사학자이자 한국인의 기개와 정신의 얼로 충만한 안경전님을 국무총리 또는 교육부 장관으로 임명하여 대한민국 일체의 역사를 다시 조명하고 검증하여 나라가 천만 년 반석에 서도록 역사적 초석을 다지라.

역사 정신이 없으면 민족도 없고 나라도 없고 살 수도 없다.

대한민국 정부는 대한민국에 있는 일체 경전과 전통 사상을 철저하고 명확하게 발굴하여 인류 시원사와 대한민국의 역사를 결합한 '한국 경전'을 제작하라.

이런 일에 있어서 자기 역사와 인류 창세 기록을 결합한 유대인은 참으로 지혜롭기 짝이 없다.

정부는 우리 학생들에게 일만 년이 넘는 우리 역사를 철저하게 교육하고 확실하게 알게 하여야 한다.

한문은 중국에서 만든 것이 아니라, 우리의 옛적 조상님들께서 만드신 것이니, 공문서에 쓰지는 않는다 하더라도, 방송이나 신문이나 시설물에 부분 사용토록 하고 초등학교부터 대학까지 배우고 익히게 하여 장차 중국과 일본을 한국과 통일하는 데 있어서 연결점이 되게 하라.

통일부는 도대체 뭘 하고 있는 건가?

남북이 분단된 지 72년이요, 광복한 지가 80년이 되도록 통일을 이루지 못하고 있는 이유가 대체 뭔가?

대한민국은 미국 안에 있고 미국은 대한민국 안에 있다. 이를 전제로, 정부는 남북을 통일하고 중, 러 곳곳에 흩어져 있는 조선족과 고려인을 합치고, 중국과 일본, 몽골, 대만, 은 한 집안 형제의 나라이니, 이들 나라를 합쳐 형제국을 만들든, 연합국가를 만드는 일에 있어서, 최선의 노력을 다하라. 전심전력全心全力을 다하라. 총력을 기울이라.

이리하면 대한민국은 형제 나라나 연합국가와 더불어 영영永永히 부국 강병한 나라가 되고 국제적인 어떠한 사정과 상황에서도 전혀 요동함이 없는 세계 1등 가는 국가가 된다.

지하철을 비롯, 철도나 버스에 영문과 더불어 한국말, 중국말, 일본말로 안내방송을 하거나 글자로 표기해 주는 것은 정말로 너무 너무 잘하고 있는 일이다.

합쳐질 형제국이나 연합국가의 초석을 다지는 데 장자인 대한민국에서 가장 먼저 할 일이고 앞장서야 할 일을 정말 잘하고 있다.

한국인에게 축적된 가장 오래된 정신과 문명과 문화와 지혜와 슬기와 통찰력과 성실함과 섬세함과 오묘함과 신속 정확함은 세계 그어떤 나라 그 누구도 감당할 수 없을 만큼 탁월하고 특별하다.

대한민국은 시원 역사와 원형 문화를 가진 나라이기 때문에 어떤 일이고 주제와 목표와 방향만 정해진다면 무궁무진한 지혜로 신속

하고 빠르게 기가 막힌 결과물을 만든다.

한국인의 기량과 재주는 현재의 대한민국 남한이라는 작은 면적에 갇혀 살기에는 그 기상과 정신이 한량없다.

이제, 우리는 북한을 넘어서 중국과 러시아를 가고, 러시아를 통하여 미국과 캐나다 멕시코와 아르헨티나를 가고, 러시아와 중국을 통하여 온 유럽과 사우스아프리카를 가자. 동서남북 기찻길과 도로를 건설하여 세계를 하나로 만들자.

정부는 세종학당을 지원하고 또 지원하여 늘리고 또 늘리라.

세계 대학마다 한국어학과가 개설되도록 최선의 노력을 기울이자.

한글처럼 위대한 글자는 세상 어디에도 없다.

미국이 자기 나라 화폐를 세계 기축통화로 만든 것과 같이 한국의 한글을 세계 기준 언어로 만드는 데 전심전력하라.

법관과 검사와 경찰이 정의롭고 청렴하고 결백하면 추상같은 규율이 세워져 인류 세상에 듣도 보도 못한 정의가 세워진다.

법관과 검사와 경찰이 엄정하고 자애하면 나라의 기강은 천년 반석에 놓이고 국민들은 안녕 된 나라에서 광명천지를 경험하며 살 수가 있다.

우리도 이제 극 존경받는 법관과 극 존경받는 검사와 극 존경받는 경찰이 있는 나라에서 한번 살아 보자.

검사나 경찰은 높은 직위에 연연하지 말라. 평검사와 평경찰이 최고 높은 검사요, 최고 높은 경찰이다.

전관예우는 당장에 해체하라. 전관예우가 있는 나라는 '법이 없는 나라'라는 말이다.

대통령과 국무위원과 국회의원들은 오직 나라와 국민만을 위하여 목숨을 바쳐라.

대통령과 국무위원과 국회의원들은 나라를 위한 돈벌이에 적극 나서라. 나라의 채무를 모두 청산하고 세계 최고 부자 나라가 되게 만들라.

정부와 국회의원들은 어떤 경우에도 나라의 안녕과 국민의 평화와 안전과 생계가 위협받지 않게 하라.

5천2백만 국민의 평화와 안녕과 자유와 먹고 사는 문제를 해결할 방법과 대책이 줄기차게 없으면 그 누구도 대통령이나 국회의원이 되겠다고 함부로 나서지를 말라.

국가의 중책을 맡은 이들은 술 좋아하는 이는 술을 끊고 골프 좋아하는 이는 골프를 끊어라.

국가의 고위 공직자들은 언제나 가장 평범한 국민의 수준에서 모범 된 삶을 보여라.

대통령과 국회의원들은 자기 치세 기간이나 자기 임기 내에 기필코 나라와 국민을 위한 위대한 업적을 남기라.

국회의원은 국민 5,200만 명 기준, 173,000명 당, 한명을 뽑는다. 국회의원은 173,000명을 대표한다.

무엇을 대표할 것인가?

국민 생계를 책임져 줄 것인가?

마음을 평화롭고 안락하게 해 줄 것인가?

나라 걱정을 안 하게 해 줄 것인가?

의원들은 각종 위원회나 청문회에 국가 기관장들을 증인이나 참고인으로 초빙 시에는 어떠한 경우라도 직급에 따른 존칭에 '님'자를 붙여 호칭하고 정중하게 대하라.

질문을 할 때는 모든 증거와 근거와 자료를 확보한 후에 아주 세밀하고 빈틈없고 지혜롭고 노련하게 하라.

의원 300명은 작은 나라, 대한민국이나 지역구에 머물지 말고 세계 나라를 각각 한 나라 또는 두 나라씩 담당하여 세계 나라에 한국의 경제 영토와 문화 영토를 확장하여 나라를 부국 강병하게 만드는 일에 목숨을 걸어라.

의원은 어떤 경우에도 국회의 공적인 모임과 공적인 일에 자기 자리를 비우지 말라. 자리를 비운다는 것은 국회의원 본연의 일을 안하고 있는 것이다.

의원은 어떤 경우에도 당론에 이끌리지 말라.

의원은 173,000명을 대변한다 하는것을 잠시도 망각해서는 안된다.

당론에 이끌려 다닌다는 것은 더 이상 국민들을 위하여 일하지 않고 오직 자기 당과 자기의 일신만을 위하여 일한다는 말이다.

저출산 문제는 오직 정부와 국회의원들 책임이다.

정부와 국회가 부모님 마음으로 국민을 가족처럼 생각하면 저출산 문제는 당장에 해결된다.

지방마다 사람이 줄어들고 빈집이 늘어나 공동화 현상이 일어나는 것은 모두 정부와 국회의원들과 지방정부 책임이다.

발상을 전환하여 지방을 살리라. 제2의 새마을 운동을 일으키라.

광화문 광장에, 또 부산에, 또 광주에, 그리고 여기저기에 국민들이 나라를 구하기 위하여 생계를 뒤로 하고 나오게 만드는 것은 모두 다 정부와 국회의원들이 자기들의 할 일을 다 하지 못하기 때문이다.

이런 일을 대신하고 대표하라고 뽑아 준 사람들이 대통령과 국회의원들이다.

국민들이 광장에 나올 때, 그 앞에 나와 같이 앉아 있는 국회의원님들은 뭔가? 지금 광장에 국민들과 같이 앉아 있는 연유가, 지금 여기 있는 국민들 이상의 아무 대책이 없다는 것인가? 다른 묘안이 진짜 없는가? 정말 그렇다면 국민들은 무슨 희망에 살라는 말인가?

국회의원들을 아주 높게 대접을 받고, 아주 크게 대접을 받고, 노후 걱정 없는 대접을 받는다.

국회의원들은, 국민들 보다 훨씬 월등하고 훨씬 탁월하지 않으면 안 된다.

국회의원들은 365일, 주야晝夜로, 오직 나라와 국민만을 아끼고 사랑하라.

국회의원들은 절대 싸우지 말고 다투지도 말라.

여당 야당이 다투고 싸우는 것은, 오직 여당과 야당을 위한 싸움일 뿐이요, 국민을 위함이 하나도 없다는 것을, 국민들은 다 안다.

조선이라는 정부와 당국자가 나라 밖의 정세에 눈 감은 깜깜이가 되어서 문을 걸어 잠그고 꼭꼭 숨어 고기와 술 잔치에 날 새는 줄 모르고 사는 동안에, 이웃 나라 일본은 총과 대포와 탱크와 비행기와 미국보다 우수한 항공모함을 미국보다 더 많이 가지고 한국을 먹고 중국을 먹고 아시아 전체를 먹고 또 미국을 먹기 위한 전쟁을 벌였었다.

국회가 나라와 국민의 민생은 버려둔 체 자기와 자기 당의 이익만을 위하여 싸우고 또 싸우면, 결국 힘들고 죽도록 고생하는 것은 국민밖에 없다.

여당 야당이 서로 다투고 싸우는 동안에 나라는 이리 저리 갈라지고 경제는 피폐해지고 국민은 먹고 살길이 막막해진다.

여당은 뭐고? 야당은 뭔가?

국회에 여당 야당이 없어지면 대한민국은 세계 일등 국가가 되고 그 지위에서 떨어질 일이 결코 없다.

국회에는 오직 국회의원만 있어야 하고 국회의원만 필요하다.

국회는 정당 제도를 개선하여 이른바 정당 없는 민주 국회를 만들어 세상 어디에도 없는 국회를 창립하라.

의원들은 자기 임기 동안에 탁월한 업적을 남겨라.

국회의원들은 '국회의원들만 없으면 나라가 산다'는 말이 왜 나올까 깊이깊이 생각해 보라.

일단, 국회의원들만 잘 단합하고 싸우지 않으면 대한민국은 아무 걱정이 없는 나라가 된다.

나라만 안정하면 나머지는 국민들이 알아서 다 한다.

우리끼리는 절대 대립하거나 싸우면 안 된다.

싸우면 죽는 것은 바로 우리다.

구태를 벗어나지 못하면 결코 도약 할 수가 없다.

대한민국과 국민의 미래는 오직 대통령과 국회의원 300명과 명명백백하고 청렴결백하며 정의롭고 마음 정신이 고결하고 자상 자애한 법관과 검찰과 경찰 손에 달렸다.

세계 각국에 나가 있는 대사관은 죽기 살기로 일하여 나라 경제를 부강하게 하고 막강한 나라로 만들기 위해 혼신의 힘을 다하고 있다. 아주 감사하고 감사하다.

의사나 판검사만 되려고 하는 나라에는 밝은 미래가 없다.

기술과 기능을 가진 사람들 모두가 의사들만큼 대접을 받아야 하고 금전적 혜택을 받을 수 있어야 한다.

정부는 국가의 고급 인력을 절대 다른 나라에 빼앗겨서도 안되고 잃어서도 안 된다.

정부는 국가의 존망存亡이 걸려있는 국가의 산업적 기밀이 누출되는 것을 결코 가볍게 처벌해서는 안 된다. 중국은 이런 경우 최고형에 처한다.

정부는 대한민국에 태어나서 사는 외국인 자녀들에게 국적을 부여하고 잘 정착할 수 있도록 세밀하게 살피고 적극적으로 도우라.

정부는 관광부를 만들어 나라 전체를 관광지로 만들고 숙박체계를 획기적으로 개선하라.

정부는 나라 전체를 정과 사랑과 재미가 넘치는 세상으로 만들라.

UN은 세계 국회를 만들어 세계를 평화한 하나의 나라로 경영하라. 세계는 국경선을 지우고 이웃 나라를 자기 생명처럼 아끼고 이웃 나라를 자기 가족처럼 사랑하고 보살피라. 자기 나라만을 위하는 대통령은 자가 나라나 인류에게 아무 유익이 없다.

노동조합과 회사는 서로 대립하지 말고 다투지 말고 싸우지 말라. 서로의 사정과 입장을 먼저 살피고 양보하고 사양하라.

노조는 어떤 일이 있어도 절대 공장을 멈추지 말고 회사는 어떤 일이 있어도 절대 공장 문을 닫아 걸어서는 안된다.

서로 돕지 않고 헤아리지 않으면 다 죽는다.

아파트 층간 소음으로 인하여 다투고 싸우고 사람까지 죽이는 세상이 되었다.

옆집에 누가 사는지도 모른다. 가족 말고는 아는 사람도 없다.

살벌하기 짝이 없는 세상이다. 이웃을 배려하고 이해하고 웃어주고 세심하게 살펴 주자. 아침이나 저녁이나 그때그때 다정한 인사를 나누자. 말을 걸고 안부를 묻고 사이좋게 지내고 친하게 지내자. 이웃을 해롭게 하지 말고, 아프게 말고, 결코 억울하게 하지 말자. 차를 타고 다니면서 다른 차와 시비하거나 경적을 울려 사람들을 마음으로 상해하고 기겁하게 하지 말자.

사람과 차가 함께 다니는 길에서 자동차를 운전하는 운전자가 그 길에서 보행하는 보행자를 향하여 길을 비키라는 의미에서 경적을 울리는 자는 아주 무식하고 야만스럽기가 짝이 없는 인간이다. 고막 약한 사람은 고막이 터지고, 애 가진 사람들은 애가 떨어진다. 이런 인간들의 운전면허는 경적 한 번에 일 년씩 정지를 시켜라.

경적은 정말로 긴급하고 정말로 위험한 상황이 아니면 절대로 울리면 안 된다. 경적은 상대방을 향하여 거칠게 소리치고 화를 내는 것과 똑같다.

전철에서 어린아이가 보이면 누구나 할 것 없이 어린아이에게 자리를 양보하라.

학교 선생님을 공경하질 못하고 함부로 대하여 죽음으로까지 몰고 가는 학부모의 자녀는 대한민국 어느 학교에서도 공교육을 받게 해서는 안 된다.

선생님을 무시하거나 공경함이 없는 학생은 엄히 교육하여 함부로 함이 절대 없어야 한다.

선생님을 학부모나 학생이 자기 마음대로 평가하는 것은 선생님의 위신을 떨어뜨리는 일이니 속히 개선하라.

선생님이나 스승님이 없는 나라에는 밝고 환한 미래가 없다.

학교 폭력은 절대로, 절대로, 일어나서는 안 되는 일이다.

공부하는 학생들은 고운 말을 써야 한다. 학교에서 싸움을 하거나 다투는 것도 안 되지만 특히나 욕을 못 하도록 철저하게 엄히 금해야 한다. 모든 학교 폭력은 욕부터 시작되기 때문이다. 어쩌자고 욕을 말의 접속사처럼 그리 쓰는가?

음주 운전자는 단 한 번만 단속이 되더라도 운전면허를 영구 박탈하라. 음주 운전은 살인을 하는 행위와 똑같은 것이다.

음주로 인하여 사람을 상하게 하거나 치사한 자는 무기징역에 처하고 그 손해를 다 갚기 전에는 일체 어떤 사유로도 방면해서는 안 된다. 이런 자들에게는 나라에서 절대 공짜 잠과 공짜 밥을 제공하지 말라.

거짓말과 사기 치는 행위로 사람에게 금전적 손해를 입힌 자는 일단 그 신체를 구속하고 손해를 입힌 만큼 돈으로 다 갚기 전에는 결코 구금과 잘못을 면제받아서는 안 된다. 이런 자들에게는 나라에서 절대 공짜 잠과 공짜 밥을 제공하지 말라.

어린 여아를 비롯하여 여성을 성적으로 유린하고 특히 인터넷 매체를 통하여 글과 영상이나 사진으로 이들을 악질적으로 괴롭게 하는 자는 짐승으로 간주하여 강금하고 이 악질적인 자들이 남긴 글과 사진과 영상들이 인터넷에 단 하나라도 남겨져 있는 상태에서는 결코 이들을 방면하지 말라. 이런 자들에게는 나라에서 절대 공짜 잠과 공짜 밥을 제공하지 말라.

인터넷을 통하여 글과 사진과 영상으로 남에게 비방과 허위와 거짓과 선동과 일체의 악질적인 행위를 일삼는 자는 짐승으로 간주하여 감금하고 이 악한 자들이 남긴 것들이 인터넷상에서 하나도 남김없이 사라지기 전에는 결코 이들을 방면하지 말라.
이런 자들에게는 나라에서 절대 공짜 잠과 공짜 밥을 제공하지 말라.

인터넷을 통하여 음식을 주문해서 먹은 후에 후기를 남기는 경우,

절대로 나쁜 후기를 남겨서는 안 된다. 후기로 남기는 몇 자 안 되는 글로 인하여 자기의 전 재산을 털어서 차린 가게가 하루아침에 망하는 수가 있다. 장사하는 우리 이웃을 너무 들들 볶지 말라. 칭찬의 말이 아니면 결코 후기를 남기지 말라.

칭찬받을 만하다고 여겨지지 않으면 아무 글도 남기지 말고, 더 이상 그 업소의 물건을 구매하지 않으면 된다.

상점이나 마트에 과일이나 야채를 구입하러 가서는 절대 좋은 것을 고른다고 물건을 들었다 놨다 하지 말라. 아무 생각 없이 들었다 놨다를 반복하면 물건들이 상하고 망가져서 못 파는 물건들이 너무 많이 생긴다. 지금 진열 되어 있는 물건이 다 팔리지 않으면 상인은 아무 이익이 남질 않는다.

상점이나 마트에서는 날짜 제한이 되어 있는 식품은 날짜 제한이 넘어서 팔리지 않을 것을 감안하여 가장 앞에 진열한다. 이 경우 가장 앞에 것을 놔두고 뒤에 있는 것을 골라서 구입하지 말고 그냥 맨 앞에 있는 것을 구입하라. 날짜가 임박한 물건도 그 싱싱함에는 아무 문제가 없다. 파는 이가 버리는 것이 없어지면 물건은 점점 좋아지고 물건 값은 점점 내려간다.

만일 노점에서 물건을 살 경우가 있으면 절대 흥정하지 말고 그대로 값을 다 치러라. 뭐가 남는 장사가 아니다. 지금 상인은 사는 게 아주 고단하니 격려하는 말 외엔 일체 말로 피곤하게 하지 말라.

식당에서 식사를 할경우 반찬을 아껴 먹어라. 먹지 않을 경우 손대지 말고 바로 물려라. 지금 내가 받은 음식이 가격표에 비해 너무 좋다고 생각하면 음식 가격표를 보지 말고 오늘의 물가를 잘 따져서 알아서 가격을 책정하고 지불하라. 주인장 응대가 너무 친절하고 고마우면 그 서비스에도 돈을 지불하라. 물가는 비싼데 손님 떨어질까 봐 음식 값을 못 올리고 있다. 돈이 남아야 장사를 계속하고 장사를 계속해야 내가 또 올 수 있다.

사람들아, 분열하지 말고 힘을 합치고 또 힘을 합쳐라. 맘에 안 들어도 참고 이해하고 웬만하면 수용하라. 한국에는 오직 한국인만 있다. 경상도 당도 없고 전라도 당도 없다. 이제 그만 섭섭한 마음을 다 버려라. 대통령이나 국회의원 선거할 때 특정 지역을 들먹여 나라와 국민을 분열하는 벌거숭이 애송이는 철저하게 배격하고 물리쳐라. 달콤한 사탕발림에 속지 말라. 잘못된 신념과 감정에 이끌려 사람을 잘못 뽑아 버리면 두고두고 후회하고 고생한다. 장황한 말 그 속에는 아무것도 없다. 말이 많은 사람은 주는 것이 없고 그져 주는 사람은 아무 말이 없다. 이제 우리도 정말 믿음직하고 정말 존경스럽고 정말 감사하고 보고 싶고 또 보고 싶은 지도자를 가져보자.

방송과 신문의 영향력은 실로 지대하고 막중하다. 이제, 방송과 신문은 가장 먼저 나라와 국민을 생각하고 생각하고 또 생각하라.

우리나라를 침략하고 침탈한 것은 중국 당국자와 일본 당국자들이다. 이 당국자들이 중국이고 일본이다. 일반 중국인과 일반 일본인은 그 누구도 적대하지 말고 잘 대우하자. 중국과 일본, 그리고 중국과 러시아 곳곳에 있는 우리 조선 민족과 고려인, 몽골, 대만 등의 사람들은 우리와 같은 민족이다. 오랫동안 떨어져 살아서 질이 좀 달라졌을 뿐이다. 세계 인류, 황궁씨와 청궁씨, 백소씨와 흑소씨는 모두 오늘날 대한민국으로 말미암아 나갔으니, 한국인 아닌 나라가 없고, 한국인 아닌 사람이 없다. 우리는 모두 다 형제다. 우리는 한 집안에 살다가 흩어졌다. 그래서 우리는 너와 나가 없는 항상 우리다. 이제 자기 정신을 위하여 세상 곳곳에서 물밀듯이 고향 나라 대한민국을 찾아올 것이니 가족과 형제를 만나듯이 환영하고 환대하자. 세계 곳곳에서 한국과 한국문화를 알리는 데 전심전력하는 우리 정부와 대사관과 기업과 우리 국민들의 노고와 수고를 우리는 잊지 말고 응원하자.

연혁 참고

환국(3301년), 배달(1565년), 조선(2096년)

잃어버린 역사, 6962년

환단고기, p173, 안경전

나라 참고

황궁씨, 청궁씨, 백소씨, 흑소씨

부도지, p35, 장한결

참生 찾는 아리랑

초판 1쇄 발행 2025년 5월 25일

지은이　광천
펴낸이　이기봉
편집　좋은땅 편집팀
펴낸곳　도서출판 좋은땅
주소　서울특별시 마포구 양화로12길 26 지월드빌딩 (서교동 395-7)
전화　02)374-8616~7
팩스　02)374-8614
이메일　gworldbook@naver.com
홈페이지　www.g-world.co.kr

ISBN　979-11-388-4306-5 (03380)